ÎN JURUL LUMII ÎN 100 DE BOLURI DE OREZ

Gustați din diversitatea lumii, câte un castron, cu rețete inspirate din fiecare colț al globului

Larisa Pavel

Material cu drepturi de autor ©2024

Toate drepturile rezervate
Nicio parte a acestei cărți nu poate fi utilizată sau transmisă sub nicio formă sau prin orice mijloc fără acordul scris corespunzător al editorului și al proprietarului drepturilor de autor, cu excepția citatelor scurte utilizate într-o recenzie. Această carte nu trebuie considerată un substitut pentru sfaturi medicale, juridice sau alte sfaturi profesionale.

CUPRINS

CUPRINS 3
INTRODUCERE 6
BOLNE JAPONEZE DE OREZ 7
   1. Bol cu orez Tempura cu ciuperci 8
   2. Bol de orez cu dovlecei și castraveți marinați 10
   3. Bol cu Friptură de Vită Donburi 12
   4. Ikura Don Bowl 14
   5. Bol japonez de cotlet de porc 16
   6. Bol de orez cu ceapă japoneză 18
   7. Castravete Sunomono 20
   8. Tofu Hiyayakko 22
   9. Bol de terci de mic dejun japonez 24
   10. Rulouri japoneze de carne de vită Tataki 26
   11. Clatite Dorayaki 28
   12. Tamagoyaki Scramble 30
   13. Ramen de pui 32
   14. Bol japonez de omletă și orez 35
   15. Bol japonez de orez Tonkutsu 37
   16. Bol japonez de orez cu arpagic și susan 39
   17. Bol japonez de orez cu carne de vită 41
   18. Bol japonez pentru sashimi 43
   19. Bol japonez de porc la grătar 45
   20. Bol japonez de orez cu carne de vită 47
   21. Bol japonez cu creveți 49
   22. Bento japonez cu ceapă și carne de vită 51
BOLNE CHINEZEAZĂ DE OREZ 53
   23. Orez prăjit cu pui chinezesc 54
   24. Bol cu legume picant 57
   25. Bol chinezesc pentru curcan măcinat 59
   26. Rețetă de boluri cu orez cu carne de vită măcinată ...61
   27. Bol cu orez crocant 63
   28. Bol de orez lipicios savuros 65
   29. Bol de vită Hoisin 67
   30. Bol cu orez cu carne de porc și ghimbir 69
   31. Rețetă Vegan Poke Bowl cu sos de susan 71
   32. Bol cu orez cu pui cu chili 73
   33. Bol cu tofu Buddha 75
   34. Dan Rice Bowl 77
   35. Bol de orez cu pui măcinat 79
   36. Bol cu tăiței cu lămâie 81
   37. Bol cu orez cu pui cu usturoi și soia 83

BOLURI COREANE DE OREZ 85
38. Bol de orez coreean cu pește la grătar 86
39. Bol de orez coreean St 1 Pot 88
40. Bol de orez coreean cu sashimi 90
41. Boluri coreene cu orez pentru sushi 92
42. Bol de orez coreean cu pui 94
43. Bol cu cârnați de vită coreeană 96
44. Bol coreeană cu creveți Donburi 98
45. Bol de orez coreean cu conopidă 100
46. Bol coreeană cu pui la grătar 102
47. Bol de orez coreean cu carne de vită picant 104

BOLURI VIETNAMEZE DE OREZ 106
48. Bol de orez Banh Mi 107
49. Carne de vită și orez crocant 109
50. Bol cu orez cu pui și Sirarcha 111
51. Bol cu tăiței de vită cu iarbă de lămâie 113
52. Bol cu orez glazurat cu pui 115
53. Rețetă de vermicelli cu creveți cu usturoi 117
54. Bol cu găluște de pui cu tăiței 119
55. Bol cu orez cu pui 121
56. Bol cu orez picant cu carne de vită 123
57. Bol cu pui caramelizat 125

BOLNE INDIENE DE OREZ 127
58. Bol cu orez Tikka cu pui 128
59. Bol cu orez brun cu curry 130
60. Bol cu orez cu brânză 132
61. Bol de orez indian cu curry de oaie 134
62. Bol indian cu curry cremos 136
63. Bol cu orez indian cu lămâie 138
64. Bol indian Buddha de conopidă 140
65. Bol de linte indiană la grătar 142
66. Bol indiană cu orez cu pui 144
67. Bol cu orez roșu indian 146
68. Bol cu orez cu carne de cocos 148
69. Bol cu pui tandoori 150
70. Turmeric Paneer și castron de orez 152
71. Bol cu curry Paneer 154
72. Bol cu năut Chaat 156

BOLURI DE OREZ TAILANDEZ 158
73. Bol cu somon Buddha 159
74. Bol cu orez brun condimentat 161
75. Boluri cu creveți cu arahide 163
76. Bol cu busuioc 165

77. Bol Umami cu nucă de cocos 167
78. Tuna Power Bowl 169
79. Bol cu tăiței de mango 171
80. Bol cu taitei cu arahide si dovlecel 173
81. Bol cu creveți picant 175
82. Bol cu orez cu curry 177
83. Bol cu orez de porc 179
84. Bol Buddha cu cartofi dulci 181
85. Bol Satay cu pui 183
86. Se prăjește pui și porumb 185

BOLURI DE SUSHI 187
87. Bol de sushi California Roll deconstruit 188
88. Bol de sushi cu ton picant deconstruit 190
89. Bol pentru sushi Dragon Roll deconstruit 192
90. Bol de sushi cu somon picant deconstruit 194
91. Bol de sushi deconstruit cu rulouri de curcubeu 196
92. Bol pentru sushi Tempura de creveți deconstruit 198
93. Bol de sushi picant cu ton și ridichi 200
94. Bol pentru sushi cu somon afumat și sparanghel 202
95. Bol de sushi Philly Roll deconstruit 204
96. Bol pentru sushi din dinamită deconstruit 206
97. Bol de sushi cu rulouri vegetale deconstruit 208
98. Macrou afumat Chirashi 210
99. Oyakodo (somon și icre de somon) 212
100. Bol pentru sushi cu homar picant 214

CONCLUZIE 216

INTRODUCERE

Bine ați venit la „În jurul lumii în 100 de boluri de orez", o călătorie culinară care promite să îți îmbie papilele gustative și să te transporte în destinații exotice prin magia mâncării. Orezul, un ingredient de bază de care se bucură culturile de pe tot globul, servește drept bază pentru o serie de feluri de mâncare delicioase care reflectă diversele arome și tradiții ale diferitelor țări.

În această carte, vă veți porni într-o aventură aromată care celebrează tapiseria bogată a bucătăriei globale, câte un bol de orez la un moment dat. De la străzile pline de viață din Tokyo până la piețele vibrante din Marrakech, fiecare rețetă este inspirată de moștenirea culinară unică a regiunii respective, oferind o privire asupra tradițiilor culturale și tehnicilor culinare care definesc fiecare destinație.

Pregătește-te să pornești într-o călătorie culinară ca nimeni altul în timp ce explorezi aromele vibrante ale Asiei, mirodeniile îndrăznețe din Orientul Mijlociu, clasicele reconfortante ale Europei și preferatele de foc din America Latină. Indiferent dacă îți poftești un castron reconfortant de risotto, un curry thailandez picant sau un biryani parfumat, „În jurul lumii în 100 de boluri de orez" are câte ceva pentru fiecare1.

Alăturați-vă nouă în timp ce călătorim pe glob prin limbajul universal al mâncării, celebrând diversitatea aromelor, ingredientelor și stilurilor de gătit care fac fiecare bucătărie unică. Cu rețete ușor de urmat, sfaturi utile și fotografii uimitoare care surprind esența fiecărui fel de mâncare, această carte este pașaportul tău către aventura culinară.

Prin urmare, ia-ți bețișoarele, furculița sau lingura și pregătește-te să pornești într-o călătorie a aromei care îți va extinde palatul și îți va inspira creativitatea culinară. De la confortul familiar de acasă până la aromele exotice ale tărâmurilor îndepărtate, „În jurul lumii în 100 de boluri de orez" vă invită să gustați din diversitatea lumii, câte un bol o dată.

BOLNE JAPONEZE DE OREZ

1. Bol cu orez Tempura cu ciuperci

INGREDIENTE:
- 1 kilogram de tempura de ciuperci congelate
- 2 căni de orez brun
- 1 cană de ulei de gătit
- 1 cană de sos tempura
- 2 căni de apă
- Sarat la gust
- Piper negru după gust

INSTRUCȚIUNI:
1. Luați o tigaie cu sos.
2. Adăugați apa în tigaie.
3. Adăugați orezul brun și gătiți bine timp de aproximativ zece minute.
4. Se încălzește o tigaie.
5. Adăugați uleiul în tigaie.
6. Gătiți tempura congelată până se rumenește.
7. Dish out când d1.
8. Adăugați orez brun într-un castron.
9. Adăugați deasupra tempura preparată și sosul tempura.
10. Preparatul dumneavoastră este gata de servit.

2.Bol de orez cu dovlecei și castraveți marinați

INGREDIENTE:
- 1 cană de bucăți de dovlecel fiert
- 1 castravete marinat tocat
- 2 căni de orez brun
- 1 cană de sos de maia picant
- 1 cană de castraveți
- 2 linguri de ghimbir murat
- 1 lingura de otet de orez
- 1 lingura de seminte de susan
- 2 căni de apă
- Sarat la gust
- Piper negru după gust
- 2 linguri de sos de soia
- 1 lingurita de usturoi zdrobit

INSTRUCȚIUNI:
1. Luați o tigaie cu sos.
2. Adăugați apa în tigaie.
3. Adăugați orezul brun și gătiți bine timp de aproximativ zece minute.
4. Adăugați restul ingredientelor într-un bol.
5. Amestecați bine ingredientele.
6. Adăugați orez brun într-un castron.
7. Adăugați legumele deasupra.
8. Stropiți deasupra sosul preparat.
9. Mâncarea dvs. este gata de servit.

3.Bol cu Friptură de Vită Donburi

INGREDIENTE:
- 2 lingurițe de vin de orez
- 1 lingurita de zahar tos
- 1/4 linguriță de pastă de mirin
- Piper negru
- Sare
- 1 lingura de ghimbir tocat
- 1 lingura de sos de soia usor
- 1/2 cana de ceapa primavara tocata marunt
- 2 lingurite de ulei de susan
- 4 lingurițe de sos de soia închis la culoare
- 2 căni de bucăți de friptură de vită
- 2 cani de orez
- 2 căni de apă

INSTRUCȚIUNI:
1. Luați o tigaie mare.
2. Într-o tigaie se încălzește uleiul și se adaugă bucățile de friptură de vită în el.
3. Gătiți-l până devin crocante și aurii la culoare.
4. Adăugați ghimbirul tocat în tigaie.
5. Adăugați vinul de orez în tigaie.
6. Gătiți bine amestecul timp de aproximativ zece minute până când sunt prăjiți.
7. Adăugați în tigaie zahăr tos, pasta de mirin, sos de soia închis, sos de stridii, sos ușor de soia, piper negru și sare.
8. Gătiți bine ingredientele timp de aproximativ cincisprezece minute.
9. la o tigaie cu sos.
10. Adăugați apa în tigaie.
11. Adăugați orezul și gătiți bine timp de aproximativ zece minute.
12. Adăugați orezul în boluri.
13. Adăugați amestecul fiert deasupra.
14. Preparatul dumneavoastră este gata de servit.

4.Ikura Don Bowl

INGREDIENTE:
- 1 cană de edamame
- 1 morcov tocat
- 2 cani de orez
- 2 cani de avocado feliat
- 1 cană de sos sriracha picant
- 1 cană de castraveți
- 2 linguri de mirin
- 1 cană de ikura don
- 2 linguri de ghimbir
- 1 cană de foi de nori mărunțite
- 1 lingura de otet de orez
- 2 căni de apă
- Sarat la gust
- Piper negru după gust
- 2 linguri de sos de soia usor
- 2 linguri de sos de soia închis la culoare
- 1 lingurita de usturoi zdrobit

INSTRUCȚIUNI:
1. Luați o tigaie cu sos.
2. Adăugați apa în tigaie.
3. Adăugați orezul și gătiți bine timp de aproximativ zece minute.
4. Adăugați restul ingredientelor într-un bol.
5. Amestecați bine ingredientele.
6. Adăugați orez brun într-un castron.
7. Adăugați deasupra legumele și ikura.
8. Stropiți deasupra sosul preparat.
9. Mâncarea dvs. este gata de servit.

5.Bol japonez de cotlet de porc

INGREDIENTE:
- 2 cani de orez
- 1 cană de wasabi
- 1 lingura de condimente japoneze
- 1 lingura de seminte de susan
- 1 cană de carne de porc tocată
- 2 linguri amidon de porumb
- 1/2 cană de pesmet
- 2 căni de apă
- Sarat la gust
- Piper negru după gust
- 1 cană de ulei de gătit
- 1 lingura de sos de soia

INSTRUCȚIUNI:
1. Luați o tigaie cu sos.
2. Adăugați apa în tigaie.
3. Adăugați orezul și gătiți bine timp de aproximativ zece minute.
4. Ia un castron.
5. Adăugați în el condimentul japonez, carnea de porc și amidonul de porumb.
6. Se amestecă bine și se formează 2 cotlet mari.
7. Se unge cu pesmet.
8. Prăjiți cotleturile timp de aproximativ zece minute.
9. Amestecați bine ingredientele.
10. Adăugați orez brun într-un castron.
11. Adăugați cotletele pe orez.
12. Adăugați restul ingredientelor deasupra.
13. Preparatul dumneavoastră este gata de servit.

6.Bol de orez cu ceapă japoneză

INGREDIENTE:
- 2 căni de ceai tăiat felii
- 1 lingura de mirin
- 2 căni de orez brun
- 2 linguri de sos Worcestershire
- 1 lingura de ulei de gatit
- 1 cană de sos tahini
- 2 căni de apă
- Sarat la gust
- Piper negru după gust
- 2 linguri de sos de soia
- 1 lingurita de zahar
- 1 lingurita de usturoi zdrobit

INSTRUCȚIUNI:
1. Luați o tigaie cu sos.
2. Adăugați apa în tigaie.
3. Adăugați orezul brun și gătiți bine timp de aproximativ zece minute.
4. Adăugați restul ingredientelor uscate într-un bol.
5. Amestecați bine ingredientele.
6. Se încălzește o tigaie.
7. Adăugați ceapa pe tigaie.
8. Gătiți bine ceaiurile.
9. Dish out când d1.
10. Adăugați orez brun într-un castron.
11. Adaugati ceata ceapa deasupra.
12. Preparatul dumneavoastră este gata de servit.

7. Castravete Sunomono

INGREDIENTE:
- 1 lingurita sare
- 1 ½ linguriță rădăcină de ghimbir
- ⅓ cană oțet de orez
- 4 lingurite de zahar alb
- 2 castraveți mari, decojiți

INSTRUCȚIUNI:
1. Castraveții trebuie împărțiți în 1/2 pe lungime și orice semințe mari trebuie scoase.
2. Tăiați în bucăți foarte mici în cruce.
3. Combinați oțetul, amidonul, sarea și condimentele într-o ceașcă mică. Amesteca bine.
4. Pune castraveții în ceașcă și răsuciți pentru a-i acoperi uniform cu soluția.
5. Înainte de a mânca, dă la rece vasul de castraveți timp de cel puțin 1 oră.

8.Tofu Hiyayakko

INGREDIENTE:
- 1 praf așchii de bonito
- 1 praf de seminte de susan prajite
- 1 ½ linguriță rădăcină de ghimbir proaspăt
- ¼ lingurita ceapa verde
- 1 lingura sos de soia
- ½ lingurita apa
- ¼ (12 uncii) pachet de tofu mătăsos
- ½ linguriță granule dashi
- 1 lingurita zahar alb

INSTRUCȚIUNI:
1. Într-un castron puțin adânc, amestecați zahărul, granulele de dashi, sosul de soia și apa când zahărul este dizolvat.
2. Pe un vas mic, puneți tofu și acoperiți-l cu ceapă verde, ghimbir și granule de bonito.
3. Presărați deasupra combinația de soia și împrăștiați cu semințe de susan.

9.Bol de terci de mic dejun japonez

INGREDIENTE:
- 20 g de fermă
- Apă pentru consistența dorită
- 1 lingura drojdie nutritiva
- ¼ dintr-un avocado mic
- 20 g orez brun rotund (uscat)
- 1 foaie de nori, mărunțită
- 1 lingurita pasta miso
- ½ cană de praz tocat
- 20 g ovăz rulat

A GARNI
- seminte de susan
- Pudră de boia

INSTRUCȚIUNI:
1. Începeți prin a scurge orezul brun. Spălați și curățați.
2. Puneți ovăzul rulat într-o cratiță puțin adâncă dimineața înainte de a pregăti terciul, apoi adăugați doar apă fierbinte cât să le umpleți. Doar pune deoparte.
3. Puteți fie să rupeți hârtiile de nori cu palmele, fie să le tăiați cu cuțitele.
4. Apoi, fierbeți orezul înmuiat și prazul feliat într-o tigaie cu apă la temperatura camerei până când orezul este gata, aproximativ zece minute.
5. Opriți încălzirea. Apoi, amestecați fulgiul de ovăz la înmuiat și introduceți apa clocotită corespunzătoare.
6. Apoi, combinați puțin lichid cu pasta de miso și schimbați lucrurile cu hârtie nori ruptă și drojdie nutritivă în amestec.
7. Din nou, când este necesar, adăugați puțină apă.

10.Rulouri japoneze de carne de vită Tataki

INGREDIENTE:
- 2 lingurite de seminte de susan
- Cilantro mare
- 1 verde
- 2 ardei iute roșii
- ¼ de varză napa
- 1 morcov
- 1 lb. file de vită
- 1 lingura ulei de susan
- 1 lingurita zahar
- 4 linguri sos de soia
- 1 lingura ulei neutru

INSTRUCȚIUNI:
1. Încălzește o tigaie antiaderență sau o tigaie din fier la temperatură medie până când este afumată.
2. Prăjiți fileul de vită timp de 40 de secunde pe fiecare parte după ce l-ați periat cu spray neutru.
3. Într-o ceașcă mică, combinați uleiul de susan, sosul de soia, glucoza și amestecați până când zahărul se topește.
4. Transferați 2 linguri de condiment în carne și frecați-o.
5. Păstrează pansamentul rămas pentru ziua respectivă.
6. Dă carnea la frigider pentru cel puțin o oră după ce ai învelit-o în bandă Glad.
7. Tăiați subțire salata napa, varza, ceapa primăvară și chili roșu.
8. Tăiați carnea de vită mărunt și puneți în centru o porție din fiecare legume.
9. Presărați puțin strat de acoperire pe fiecare rolă înainte de a o rula ușor.
10. Se serveste fierbinte cu seminte de susan.

11.Clatite Dorayaki

INGREDIENTE:
- Ulei vegetal
- ½ cană de pastă de fasole roșie
- 2 linguri mirin sau sirop de artar
- ¼ lingurita sos de soia
- ½ cană de făină de prăjitură cernută
- 2 lingurite praf de copt
- ⅓ cană lapte de soia
- 2 linguri de zahar pudra

INSTRUCȚIUNI:
1. Într-o ceașcă mare, amestecați făina, zahărul pudră și amidonul de porumb.
2. Adăugați siropul de arțar, laptele de soia și sosul de soia într-un alt fel de mâncare.
3. Pentru a forma un amestec delicios, aruncați amestecul uscat în 1 umed și amestecați.
4. Nu este menit să fie atât de dens, dar acesta ar trebui să fie suficient de mic doar pentru a fi turnat. Timp de zece minute, lăsați totul să stea.
5. Într-o tigaie sau oală antiaderentă, turnați acea cantitate mică de ulei și încălziți-o la foc moderat.
6. Pentru a dispersa uleiul în mod egal, folosiți un prosop. Vrei doar cea mai mică cantitate pentru a ajuta la umbrirea clătitelor, dar să nu adere la ele.
7. Reduceți căldura la mediu și turnați aproximativ 2 linguri de aluat într-o rotundă ideală, așa cum o găsiți pe farfuria antiaderentă.
8. Aveți nevoie ca toate să fie aproximativ același număr.
9. Timp de aproximativ 2 minute, încălziți la prima mână, bulele s-ar putea ridica pe margine, iar părțile laterale se vor găti foarte ușor.
10. Încă aproximativ 1 minut, întoarceți și încălziți pe de altă parte.
11. Permiteți prăjiturile să se răcească câteva minute, apoi adăugați câte o cupă de Anko, pasta de fasole, la fiecare dintre ele.
12. Pentru a face Dorayaki, acoperiți-l cu un croissant și stivuiți-l pe toate.
13. Se servește cu un vârtej de zahăr pudră sau cremă de brânză sau căpșuni tăiate cubulețe cu migdale.

12. Tamagoyaki Scramble

INGREDIENTE:
- ¼ linguriță sare neagră
- piper dupa gust
- 2 lingurite zahar (10 g)
- ⅛ linguriță de praf de copt
- ½ linguriță kombu dashi
- 2 lingurite mirin (10 g)
- 1 foaie de yuba
- 3 linguri de lichid la alegere
- 1 lingurita sos de soia
- ¼ cană tofu mătăsos (60 g)
- Garnitură
- Cepte
- seminte de susan
- Kizami nori
- Sos de soia
- Opțional
- 1 lingură maioană vegană kewpie
- Un praf de turmeric
- 2 lingurite drojdie nutritiva (8g)

INSTRUCȚIUNI:
1. Umidificați în apă caldă timp de 3-5 minute, uscați yuba.
2. Rupeți yuba în părți mai mici, aproximativ de mărimea unui pumn.
3. Amestecați bine laptele de soia, tofu de mătase, mirinul, sosul de soia, orezul, dashi, zahărul și praful de copt.
4. Acesta va fi amestecul de ouă, care se amestecă și el.
5. La foc mediu-mare, încălzește un castron și adaugă uleiuri sau unt vegetarian.
6. Adăugați tofu de mătase și puneți chestia de yuba deasupra. Înainte de a-l manipula, lăsați-l să fiarbă aproximativ 2 minute.
7. Folosiți linguri sau o spatulă până când părțile laterale încep să pară prăjite, apoi forțati părțile laterale în centru.
8. Reduceți focul și fierbeți încă treizeci de secunde, mutând amestecul de ouă la textura potrivită la fiecare câteva minute.
9. Strângeți sarea neagră pe margine folosind vârful degetelor.
10. Se scoate din cuptor si se mananca pe margini sau peste paste.

13.Ramen de pui

INGREDIENTE:
- 2 (3 oz.) pachete de tăiței ramen
- Felii de jalapeño proaspete
- 2 ouă mari
- ½ cană de ceață
- 2 piept de pui
- 1 oz. ciuperci shitake
- 1–2 lingurițe sare de mare, după gust
- Sare cușer
- 2 linguri mirin
- 4 căni de supă bogat de pui
- Piper negru
- 3 lingurite usturoi proaspat
- 3 linguri sos de soia
- 2 lingurite ulei de susan
- 2 lingurițe de ghimbir proaspăt
- 1 lingura unt nesarat

INSTRUCȚIUNI:
1. Preîncălziți cuptorul la 375 de grade Fahrenheit.
2. Se imbraca puiul cu sare si piper.
3. Într-o tigaie mare, sigură pentru cuptor, încălziți uleiul la foc mediu-mare.
4. Gătiți puiul cu pielea tăiată.
5. Se coace douăzeci de minute la cuptor cu tava.
6. Într-o oală mare, adăugați uleiul la foc moderat până când strălucește.
7. Puneți bulionul la fiert, acoperit, înainte de a adăuga ciupercile uscate.
8. Pentru a face albușurile fierte moale, mai întâi fierbeți ouăle în apă cu sare.
9. Tăiați ceapa verde și jalapeno între timp.
10. Apoi folosiți un cuțit ascuțit, tăiați puiul în felii subțiri.
11. Gătiți timp de 3 minute, doar până când tăițeii sunt fragezi, apoi împărțiți în 2 boluri mari.
12. Amestecați puiul tăiat și bulionul de ramen într-un castron mare.
13. Ceapă verde mică, jalapeno și un ou fiert moale merg pe margine. Serviți imediat.

14. Bol japonez de omletă și orez

INGREDIENTE:
- 4 ouă
- 1 lingura de mirin
- 2 căni de orez brun
- 2 linguri de sos Worcestershire
- 1 lingura de ulei de gatit
- 1 cană de sos tahini
- 2 căni de apă
- Sarat la gust
- Piper negru după gust
- 2 linguri de sos de soia
- 1 lingurita de zahar
- 1 lingurita de usturoi zdrobit

INSTRUCȚIUNI:
1. Luați o tigaie cu sos.
2. Adăugați apa în tigaie.
3. Adăugați orezul brun și gătiți bine timp de aproximativ zece minute.
4. Adăugați restul ingredientelor într-un bol.
5. Amestecați bine ingredientele.
6. Se încălzește o tigaie.
7. Adăugați amestecul de ouă și ulei pe tigaie.
8. Gătește bine oul.
9. Amestecați amestecul și gătiți timp de cinci până la șapte minute.
10. Distribuie când d1.
11. Adăugați orez brun într-un castron.
12. Adăugați oul omletă deasupra.
13. Preparatul dumneavoastră este gata de servit.

15. Bol japonez de orez Tonkutsu

INGREDIENTE:
- 2 căni de tonkatsu (carne de porc)
- 2 linguri de cinci condimente japoneze
- 1 lingurita de ardei iute rosu
- Un praf de piper negru
- Putina sare
- 1 ou
- Câteva picături de apă
- 2 căni de făină universală
- Ulei de gatit
- 1 cană de sos tonkatsu
- 1 cană de orez brun
- 2 căni de apă

INSTRUCȚIUNI:
1. Luați un castron mare.
2. Adăugați oul și apă în el.
3. Bate bine ouăle.
4. Adăugați făina universală în amestec.
5. Acum adăugați toate restul ingredientelor 1 câte 1, cu excepția uleiului de gătit.
6. Amesteca bine aluatul.
7. Luați o tigaie mare.
8. Încălziți uleiul și prăjiți aluatul.
9. Îndepărtați ingredientele.
10. Luați o cratiță.
11. Adăugați apa în tigaie.
12. Adăugați orezul brun și gătiți bine timp de aproximativ zece minute.
13. Adăugați orez brun într-un castron.
14. Adăugați tonkotsu și sosul deasupra.
15. Preparatul dumneavoastră este gata de servit.

16. Bol japonez de orez cu arpagic și susan

INGREDIENTE:
- 2 căni de orez brun
- 1 cană de arpagic tocat
- 2 linguri de ghimbir murat
- 1 lingura de seminte de susan
- 2 căni de apă
- Sarat la gust
- Piper negru după gust
- 2 linguri de sos de soia
- 1 lingurita de h1y
- 1 lingurita de usturoi zdrobit

INSTRUCȚIUNI:
1. Luați o tigaie cu sos.
2. Adăugați apa în tigaie.
3. Adăugați orezul brun și gătiți bine timp de aproximativ zece minute.
4. Luați un castron mic.
5. Adăugați restul ingredientelor în bol.
6. Amestecați bine ingredientele.
7. Adăugați orez brun într-un castron.
8. Stropiți deasupra sosul preparat.
9. Mâncarea dvs. este gata de servit.

17. Bol japonez de orez cu carne de vită

INGREDIENTE:
- 1 kilogram de fâșii de vită
- 1 lingura de mirin
- 2 căni de orez brun
- 2 linguri de sos Worcestershire
- 1 lingura de ulei de gatit
- 2 căni de apă
- Sarat la gust
- Piper negru după gust
- 2 linguri de sos de soia
- 1 lingurita de zahar
- 1 lingurita de usturoi zdrobit

INSTRUCȚIUNI:
1. Luați o tigaie cu sos.
2. Adăugați apa în tigaie.
3. Adăugați orezul brun și gătiți bine timp de aproximativ zece minute.
4. Adăugați restul ingredientelor într-un bol.
5. Amestecați bine ingredientele.
6. Se încălzește o tigaie.
7. Adăugați fâșiile de vită și uleiul pe tigaie.
8. Gătiți bine fâșiile de vită.
9. Dish out când d1.
10. Adăugați orez brun într-un castron.
11. Adăugați deasupra amestecul de carne de vită.
12. Preparatul dumneavoastră este gata de servit.

18. Bol japonez pentru sashimi

INGREDIENTE:
- 2 cani de orez
- 1 cană de wasabi
- 1 lingură de foi de nori mărunțite
- 1 lingura de frunze de shiso
- 1 lingură icre de somon
- 2 căni de apă
- Sarat la gust
- Piper negru după gust
- 1 cană de sashimi
- 1 lingura de sos de soia

INSTRUCȚIUNI:
1. Luați o tigaie cu sos.
2. Adăugați apa în tigaie.
3. Adăugați orezul și gătiți bine timp de aproximativ zece minute.
4. Puneți bucățile de sashimi la microunde timp de aproximativ zece minute.
5. Amestecați bine ingredientele.
6. Adăugați orez brun într-un castron.
7. Adăugați sashimi deasupra.
8. Adăugați restul ingredientelor deasupra.
9. Mâncarea dvs. este gata de servit.

19.Bol japonez de porc la grătar

INGREDIENTE:
- 1 kilogram de fâșii de porc
- 1 lingura de mirin
- 2 căni de orez brun
- 2 linguri de sos Worcestershire
- 1 lingura de ulei de gatit
- 2 căni de apă
- Sarat la gust
- Piper negru după gust
- 2 linguri de sos de soia
- 1 lingurita de zahar
- 1 lingurita de usturoi zdrobit

INSTRUCȚIUNI:
1. Luați o tigaie cu sos.
2. Adăugați apa în tigaie.
3. Adăugați orezul brun și gătiți bine timp de aproximativ zece minute.
4. Adăugați restul ingredientelor uscate într-un bol.
5. Amestecați bine ingredientele.
6. Se încălzește o tigaie pentru grătar.
7. Adăugați fâșiile de porc pe tigaia pentru grătar.
8. Gătiți bine fâșiile pe ambele părți.
9. Dish out când d1.
10. Adăugați orez brun într-un castron.
11. Adăugați deasupra fâșiile de porc.
12. Preparatul dumneavoastră este gata de servit.

20. Bol japonez de orez cu carne de vită

INGREDIENTE:
- 1 kilogram de fâșii de vită
- 1 lingura de mirin
- 1 cană de ceai tăiat felii
- 2 căni de orez brun
- 2 linguri de sos Worcestershire
- 1 lingura de ulei de gatit
- 2 căni de apă
- Sarat la gust
- Piper negru după gust
- 2 linguri de sos de soia
- 1 lingurita de zahar
- 1 lingurita de usturoi zdrobit

INSTRUCȚIUNI:
1. Luați o tigaie cu sos.
2. Adăugați apa în tigaie.
3. Adăugați orezul brun și gătiți bine timp de aproximativ zece minute.
4. Se încălzește o tigaie.
5. Adăugați ceapa verde și uleiul pe tigaie.
6. Gătiți bine ceaiurile.
7. Adăugați carnea de vită, usturoiul și restul ingredientelor în tigaie.
8. Gătește bine.
9. Dish out când d1.
10. Adăugați orez brun într-un castron.
11. Adăugați deasupra amestecul de carne de vită și ceață.
12. Preparatul dumneavoastră este gata de servit.

21.Bol japonez cu creveți

INGREDIENTE:
- 1 cană de edamame
- 1 morcov tocat
- 2 cani de orez
- 2 cani de avocado feliat
- 1 cană de sos sriracha picant
- 1 cană de castraveți
- 2 linguri de mirin
- 1 cană de creveți la grătar
- 2 linguri de ghimbir
- 1 cană de foi de nori mărunțite
- 1 lingura de otet de orez
- 2 căni de apă
- Sarat la gust
- Piper negru după gust
- 2 linguri de sos de soia usor
- 2 linguri de sos de soia închis la culoare
- 1 lingurita de usturoi zdrobit

INSTRUCȚIUNI:
1. Luați o tigaie cu sos.
2. Adăugați apa în tigaie.
3. Adăugați orezul și gătiți bine timp de aproximativ zece minute.
4. Adăugați restul ingredientelor într-un bol.
5. Amestecați bine ingredientele.
6. Adăugați orez brun într-un castron.
7. Adăugați deasupra legumele și creveții.
8. Stropiți deasupra sosul preparat.
9. Mâncarea dvs. este gata de servit.

22.Bento japonez cu ceapă și carne de vită

INGREDIENTE:
- 1 cană de carne tocată
- 1 cană de ceapă tocată
- 2 oua
- 1 lingura de mirin
- 2 cani de orez
- 2 linguri de sos Worcestershire
- 1 lingura de ulei de gatit
- 2 căni de apă
- Sarat la gust
- Piper negru după gust
- 2 linguri de sos de soia
- 1 lingurita de zahar brun
- 1 lingurita de usturoi zdrobit
- 1 lingura de coriandru

INSTRUCȚIUNI:
1. Luați o tigaie cu sos.
2. Adăugați apa în tigaie.
3. Adăugați orezul și gătiți bine timp de aproximativ zece minute.
4. Se încălzește o tigaie.
5. Adăugați uleiul în tigaie.
6. Adăugați ceapa în tigaie.
7. Gătiți bine și apoi adăugați usturoiul în tigaie.
8. Adăugați carnea de vită în tigaie.
9. Gătiți până se înmoaie perfect.
10. Adăugați toate condimentele în tigaie.
11. Gătiți ouăle într-o altă tigaie.
12. Amestecul se amestecă și se taie.
13. Adăugați orezul într-un castron.
14. Adăugați amestecul de carne de vită în orez.
15. Turnați deasupra amestecul de ouă.
16. Decorați cu coriandru deasupra.
17. Preparatul dumneavoastră este gata de servit.

BOLNE CHINEZEAZĂ DE OREZ

23.Orez prăjit cu pui chinezesc

INGREDIENTE:
- 1 lingura de sos de peste
- 1 lingura de sos de soia
- 1/2 linguriță de cinci condimente chinezești
- 2 linguri de sos de usturoi chili
- 2 ardei iute roșii
- 1 jalapeno mare
- 1/2 cană de ceapă verde feliată
- 1 lingurita boabe de piper alb
- 1 lingurita de ghimbir proaspat
- 1/2 cană frunze proaspete de coriandru
- 1/4 frunze proaspete de busuioc
- 1 cană de supă de pui
- 1 lingurita de lemongrass tocata
- 1 lingurita de usturoi tocat
- 2 linguri de ulei de susan
- 1 ou
- 1/2 cană de pui
- 2 căni de orez brun fiert

INSTRUCȚIUNI:
1. Ia un wok.
2. Adăugați în wok iarbă de lămâie tocată, boabe de piper alb, usturoi tocat, cinci condimente chinezești, ardei iute roșu, frunze de busuioc și ghimbir.
3. Adăugați bucățile de pui în tigaie.
4. Prăjiți bucățile de pui.
5. Adăugați bulionul de pui și sosurile în amestecul wok.
6. Gătiți vasul timp de zece minute.
7. Adăugați orezul brun fiert în amestec.
8. Amestecați bine orezul și gătiți-l timp de cinci minute.
9. Amesteca totul.
10. Adăugați coriandru în farfurie.
11. Se amestecă orezul și se prăjește câteva minute.
12. Adăugați orezul în boluri.
13. Prăjiți ouăle câte una.
14. Puneți oul prăjit deasupra vasului.
15. Mâncarea dvs. este gata pentru a fi servită.

24.Bol cu legume picant

INGREDIENTE:
- 2 căni de orez brun
- 1 cană de sos sriracha
- 1 cană de castraveți
- 2 linguri de ridiche murata
- 1 lingura de piper Sichuan
- 1 lingura de otet de orez
- 1 cană de varză roșie
- 1 cană de muguri
- 2 linguri de arahide prăjite
- 2 căni de apă
- Sarat la gust
- Piper negru după gust
- 2 linguri de sos de soia
- 1 lingurita de usturoi zdrobit

INSTRUCȚIUNI:
1. Luați o tigaie cu sos.
2. Adăugați apa în tigaie.
3. Adăugați orezul brun și gătiți bine timp de aproximativ zece minute.
4. Gătiți legumele într-o tigaie.
5. Adăugați piper Sichuan și restul de condimente și sos în tigaie.
6. Amestecați bine ingredientele.
7. Dish out când d1.
8. Adăugați orez brun într-un castron.
9. Adăugați legumele deasupra.
10. Mâncarea dvs. este gata de servit.

25.Bol chinezesc pentru curcan măcinat

INGREDIENTE:
- 2 lingurițe de vin de orez
- 1 lingurita de zahar tos
- 1/4 linguriță de piper Sichuan
- 2 lingurițe de chili roșu tocat
- Piper negru
- Sare
- 1 lingura de usturoi tocat
- 1 lingura de sos de stridii
- 1 lingura de sos de soia usor
- 1/2 cana de ceapa primavara tocata marunt
- 2 lingurite de ulei de susan
- 4 lingurițe de sos de soia închis la culoare
- 2 căni de curcan măcinat
- 2 căni de orez fiert

INSTRUCȚIUNI:
1. Luați o tigaie mare.
2. Incinge uleiul intr-o tigaie si adauga curcanul in el.
3. Adăugați usturoiul tocat în tigaie.
4. Adăugați vinul de orez în tigaie.
5. Gătiți bine amestecul timp de aproximativ zece minute până când sunt prăjiți.
6. Adăugați în tigaie zahăr tos, piper Sichuan, ardei iute roșu, sos de soia închis, sos de stridii, sos ușor de soia, piper negru și sare.
7. Gătiți bine ingredientele timp de aproximativ cincisprezece minute.
8. Adăugați orezul în 2 boluri.
9. Adăugați deasupra amestecul de curcan fiert.
10. Preparatul dumneavoastră este gata de servit.

26. Rețetă de boluri cu orez cu carne de vită măcinată

INGREDIENTE:
- 2 lingurițe de vin de orez
- 1 lingurita de zahar tos
- 1/4 linguriță de piper Sichuan
- 2 lingurițe de chili roșu tocat
- Piper negru
- Sare
- 1 lingura de usturoi tocat
- 1 lingura de sos de stridii
- 1 lingura de sos de soia usor
- 1/2 cana de ceapa primavara tocata marunt
- 2 lingurite de ulei de susan
- 4 lingurițe de sos de soia închis la culoare
- 2 căni de carne de vită măcinată
- 2 căni de orez fiert

INSTRUCȚIUNI:
1. Luați o tigaie mare.
2. Într-o tigaie se încălzește uleiul și se adaugă carnea de vita în el.
3. Adăugați usturoiul tocat în tigaie.
4. Adăugați vinul de orez în tigaie.
5. Gătiți bine amestecul timp de aproximativ zece minute până când sunt prăjiți.
6. Adăugați în tigaie zahăr tos, piper Sichuan, ardei iute roșu, sos de soia închis, sos de stridii, sos ușor de soia, piper negru și sare.
7. Gătiți bine ingredientele timp de aproximativ cincisprezece minute.
8. Adăugați orezul în 2 boluri.
9. Adăugați deasupra amestecul de carne de vită fiartă.
10. Preparatul dumneavoastră este gata de servit.

27.Bol cu orez crocant

INGREDIENTE:
- 2 căni de orez brun fiert
- 1 cană de sos sriracha
- 1 lingura de tamari
- 1 lingura de otet de orez
- Sarat la gust
- Piper negru după gust
- 2 linguri de sos de soia
- 1 lingurita de usturoi zdrobit
- 2 linguri de ulei de gatit
- 1 cană de dressing crocant de orez

INSTRUCȚIUNI:
1. Adăugați uleiul într-o tigaie.
2. Adăugați orezul fiert în tigaie.
3. Amesteca bine orezul.
4. Lasă-l să devină crocant.
5. Gătiți timp de aproximativ zece minute.
6. Luați un castron mic.
7. Adăugați restul ingredientelor în bol.
8. Amestecați bine ingredientele.
9. Adăugați orez crocant într-un castron.
10. Stropiți deasupra sosul preparat.
11. Mâncarea dvs. este gata pentru a fi servită.

28.Bol de orez lipicios savuros

INGREDIENTE:
- 1 lingura de sos de stridii
- 2 ardei chili chinezești
- 1 cană de ceai verde
- 1/2 lingura de sos de soia
- 2 lingurite de usturoi tocat
- 3 linguri de ulei de gatit
- 1/2 cană de sos iute
- 2 căni de legume amestecate
- Sare la nevoie
- Coriandru proaspăt tocat pentru ornat
- 1 cană de cârnați
- 1 cană de orez lipicios fiert

INSTRUCȚIUNI:
1. Luați o tigaie mare.
2. Adăugați uleiul de gătit în tigaie și încălziți-l.
3. Adăugați legumele și ceaiul verde în tigaie și prăjiți-l.
4. Adăugați cârnații și gătiți bine.
5. Adăugați usturoiul tocat în tigaie.
6. Adăugați în amestec sosul de soia, sosul de pește, ardeiul chili chinezesc, sosul iute și restul ingredientelor.
7. Gătiți vasul timp de zece minute.
8. Îndepărtați ingredientele.
9. Adăugați orezul lipicios în boluri.
10. Adăugați deasupra amestecul pregătit.
11. Ornați bolurile cu frunze de coriandru proaspăt tocate.
12. Preparatul dumneavoastră este gata de servit.

29.Bol de vită Hoisin

INGREDIENTE:
- 2 căni de orez brun
- 1 cană de sos hoisin
- 1 lingura de piper Sichuan
- 1 lingura de otet de orez
- 2 căni de fâșii de vită
- 2 căni de apă
- Sarat la gust
- Piper negru după gust
- 2 linguri de sos de soia
- 1 lingurita de usturoi zdrobit

INSTRUCȚIUNI:
1. Luați o tigaie cu sos.
2. Adăugați apa în tigaie.
3. Adăugați orezul brun și gătiți bine timp de aproximativ zece minute.
4. Gătiți fâșiile de vită într-o tigaie.
5. Adăugați sosul hoisin și restul de condimente și sos în tigaie.
6. Amestecați bine ingredientele.
7. Dish out când d1.
8. Adăugați orez brun într-un castron.
9. Adăugați amestecul de vită deasupra.
10. Preparatul dumneavoastră este gata de servit.

30.Bol cu orez cu carne de porc și ghimbir

INGREDIENTE:
- 2 linguriţe de vin de orez
- 1/4 linguriţă de piper Sichuan
- Piper negru
- Sare
- 1 lingura de ghimbir tocat
- 1 lingura de sos de stridii
- 1 lingura de sos de soia usor
- 2 lingurite de ulei de susan
- 4 linguriţe de sos de soia închis la culoare
- 2 căni de porc măcinat
- 2 căni de orez fiert

INSTRUCŢIUNI:
1. Luaţi o tigaie mare.
2. Într-o tigaie se încălzeşte uleiul şi se adaugă carnea de porc în el.
3. Adăugaţi ghimbirul tocat în tigaie.
4. Adăugaţi vinul de orez în tigaie.
5. Gătiţi bine amestecul timp de aproximativ zece minute până când sunt prăjiţi.
6. Adăugaţi în tigaie zahăr tos, piper Sichuan, ardei iute roşu, sos de soia închis, sos de stridii, sos uşor de soia, piper negru şi sare.
7. Gătiţi bine ingredientele timp de aproximativ cincisprezece minute.
8. Adăugaţi orezul în 2 boluri.
9. Adăugaţi deasupra amestecul de carne de porc fiartă.
10. Preparatul dumneavoastră este gata de servit.

31. Rețetă Vegan Poke Bowl cu sos de susan

INGREDIENTE:
- 1 cană de edamame
- 1 morcov tocat
- 2 cani de orez
- 2 cani de avocado feliat
- 1 cană de sos de susan
- 1 cană de castraveți
- 1 cană de varză mov
- 1 cană cuburi crocante de tofu
- 2 linguri de ghimbir
- 1 lingura de otet de orez
- 2 căni de apă
- Sarat la gust
- Piper negru după gust
- 2 linguri de sos de soia usor
- 2 linguri de sos de soia închis la culoare
- 1 lingurita de usturoi zdrobit

INSTRUCȚIUNI:
1. Luați o tigaie cu sos.
2. Adăugați apa în tigaie.
3. Adăugați orezul și gătiți bine timp de aproximativ zece minute.
4. Adăugați restul de ingrediente, cu excepția sosului de susan, într-un castron.
5. Amestecați bine ingredientele.
6. Adăugați orez brun într-un castron.
7. Adăugați deasupra legumele și tofu.
8. Stropiți deasupra sosul de susan.
9. Mâncarea dvs. este gata de servit.

32.Bol cu orez cu pui cu chili

INGREDIENTE:
- 1 lingurita boabe de piper alb
- 1 lingurita de ghimbir proaspat
- 1 lingura de sos de peste
- 1 lingura de sos de soia
- 1/2 linguriță de cinci condimente chinezești
- 2 linguri de sos de usturoi chili
- 1 cană de chili roșu chinezesc
- 1 lingurita de lemongrass tocata
- 1 lingurita de usturoi tocat
- 2 lingurite de ulei de susan
- 1 cană bucăți de pui
- 2 căni de orez fiert

INSTRUCȚIUNI:
1. Ia un wok.
2. Adăugați în wok iarbă de lămâie tocată, boabe de piper alb, usturoi tocat, cinci condimente chinezești, ardei iute roșu, frunze de busuioc și ghimbir.
3. Luați o tigaie antiaderentă.
4. Adăugați puiul în tigaie.
5. Gătiți ingredientele și tăiați-le.
6. Adăugați sosurile în amestecul wok.
7. Gătiți vasul timp de zece minute.
8. Adăugați puiul și gătiți-l timp de cinci minute.
9. Amestecați restul ingredientelor în el.
10. Gătiți vasul încă cinci minute.
11. Pune orezul în 2 boluri.
12. Adăugați amestecul de pui deasupra.
13. Preparatul dumneavoastră este gata de servit.

33.Bol cu tofu Buddha

INGREDIENTE:
- 1 lingura de sos de stridii
- 2 ardei chili chinezești
- 1 lingura de sos de peste
- 1/2 lingura de sos de soia
- 2 lingurite de usturoi tocat
- 3 linguri de ulei de gatit
- 1/2 cană de sos iute
- 2 căni de legume amestecate
- 2 cani de cuburi de tofu
- Sare la nevoie
- Coriandru proaspăt tocat pentru ornat
- 2 cani de orez fiert
- 1 cană de arahide prăjite
- 1 cană de dressing Buddhas

INSTRUCȚIUNI:
1. Luați o tigaie mare.
2. Adăugați uleiul de gătit în tigaie și încălziți-l.
3. Adăugați legumele și tofu în tigaie și prăjiți-l.
4. Adăugați usturoiul tocat în tigaie.
5. Adăugați în amestec sosul de soia, sosul de pește, ardeiul chili chinezesc, sosul iute și restul ingredientelor.
6. Gătiți vasul timp de zece minute și adăugați puțină apă pentru curry.
7. Îndepărtați ingredientele.
8. Adăugați orezul în boluri.
9. Adăugați amestecul pregătit și dressingul deasupra.
10. Ornează bolurile cu frunze de coriandru proaspăt tocate.
11. Mâncarea dvs. este gata pentru a fi servită.

34. Dan Rice Bowl

INGREDIENTE:
- 1 cană de carne de porc măcinată
- 1 lingura de sos sriracha
- 1/2 cană de țelină tocată
- 1/2 cană de ceapă verde feliată
- 1 lingurita de vin de orez
- 1 lingurita de ghimbir proaspat
- 1 lingura de sos de soia
- 1/2 linguriță de cinci condimente chinezești
- 1/2 cană frunze proaspete de coriandru
- 1/2 cană frunze proaspete de busuioc
- 1 cană bulion de vită
- 1 lingurita de usturoi tocat
- 2 linguri de ulei vegetal
- 2 cani de orez fiert

INSTRUCȚIUNI:
1. Ia un wok.
2. Adăugați condimentele în wok.
3. Adăugați bulionul de vită și sosurile în amestecul wok.
4. Gătiți vasul timp de zece minute.
5. Adăugați carnea de porc în amestec.
6. Amestecați bine carnea de porc și gătiți-o timp de cinci minute.
7. Gătiți bine ingredientele și amestecați-le cu restul ingredientelor.
8. Reduceți căldura aragazului.
9. Adăugați tăițeii uscati și apă într-o tigaie separată.
10. Adăugați orezul fiert în boluri.
11. Adăugați amestecul fiert deasupra.
12. Adăugați coriandru deasupra.
13. Preparatul dumneavoastră este gata de servit.

35. Bol de orez cu pui măcinat

INGREDIENTE:
- 2 lingurițe de vin de orez
- 1 lingurita de zahar tos
- 1/4 linguriță de piper Sichuan
- 2 lingurițe de chili roșu tocat
- Piper negru
- Sare
- 1 lingura de usturoi tocat
- 1 lingura de sos de stridii
- 1 lingura de sos de soia usor
- 1/2 cana de ceapa primavara tocata marunt
- 2 lingurite de ulei de susan
- 4 lingurițe de sos de soia închis la culoare
- 2 căni de pui măcinat
- 2 căni de orez fiert

INSTRUCȚIUNI:
1. Luați o tigaie mare.
2. Incinge uleiul intr-o tigaie si adauga puiul in el.
3. Adăugați usturoiul tocat în tigaie.
4. Adăugați vinul de orez în tigaie.
5. Gătiți bine amestecul timp de aproximativ zece minute până când sunt prăjiți.
6. Adăugați în tigaie zahăr tos, piper Sichuan, ardei iute roșu, sos de soia închis, sos de stridii, sos ușor de soia, piper negru și sare.
7. Gătiți bine ingredientele timp de aproximativ cincisprezece minute.
8. Adăugați orezul în 2 boluri.
9. Adăugați deasupra amestecul de pui fiert.
10. Preparatul dumneavoastră este gata de servit.

36.Bol cu tăiței cu lămâie

INGREDIENTE:
- 1 cană de tăiței de orez
- 1/2 cană suc de lămâie
- 1 cană de ceapă
- 1 cană de apă
- 2 linguri de usturoi tocat
- 2 linguri de ghimbir tocat
- 1/2 cană de coriandru
- 2 cesti de legume
- 2 linguri de ulei de măsline
- 1 cană de supă de legume
- 1 cana de rosii tocate

INSTRUCȚIUNI:
1. Ia o tigaie.
2. Adăugați uleiul și ceapa.
3. Se caleste ceapa pana devine moale si aromata.
4. Adăugați usturoiul tocat și ghimbirul.
5. Gatiti amestecul si adaugati rosiile in el.
6. Adăugați condimentele.
7. Adăugați în ea tăițeii de orez și sucul de lămâie.
8. Amestecați ingredientele cu grijă și acoperiți tava.
9. Adăugați legumele și restul ingredientelor.
10. Gatiti zece minute.
11. Împărțiți-l în 2 boluri.
12. Adăugați coriandru deasupra.
13. Preparatul dumneavoastră este gata de servit.

37.Bol cu orez cu pui cu usturoi și soia

INGREDIENTE:
- 2 lingurițe de vin de orez
- 1 cană de soia
- 1/4 linguriță de piper Sichuan
- 2 lingurițe de chili roșu tocat
- Piper negru
- Sare
- 1 cană bucăți de pui
- 1 lingura de usturoi tocat
- 2 linguri de ulei de susan
- 4 lingurițe de sos de soia închis la culoare
- 2 cani de orez fiert
- 2 linguri de ceapa primavara tocata

INSTRUCȚIUNI:
1. Luați o tigaie mare.
2. Se încălzește uleiul într-o tigaie.
3. Adăugați usturoiul tocat în tigaie.
4. Adăugați puiul, vinul de orez și soia în tigaie.
5. Gătiți bine amestecul timp de aproximativ zece minute până când sunt prăjiți.
6. Adăugați în tigaie piper Sichuan, ardei iute roșu, sos de soia închis, piper negru și sare.
7. Gătiți bine ingredientele timp de aproximativ cincisprezece minute.
8. Împărțiți orezul în 2 boluri.
9. Adăugați amestecul deasupra.
10. Ornați vasul cu ceapă primăvară tocată.
11. Preparatul dumneavoastră este gata de servit.

BOLURI COREANE DE OREZ

38.Bol de orez coreean cu pește la grătar

INGREDIENTE:
- 1 kilogram de pește
- 2 cani de orez
- 2 linguri de gochujang
- 1 lingura de ulei de gatit
- 2 căni de apă
- Sarat la gust
- Piper negru după gust
- 2 linguri de sos de soia
- 1 lingurita de zahar
- 1 lingurita de usturoi zdrobit

INSTRUCȚIUNI:
1. Luați o tigaie cu sos.
2. Adăugați apa în tigaie.
3. Adăugați orezul și gătiți bine timp de aproximativ zece minute.
4. Adăugați restul ingredientelor uscate într-un bol.
5. Amestecați bine ingredientele.
6. Se încălzește o tigaie pentru grătar.
7. Adăugați peștele pe tigaia pentru grătar.
8. Gătiți bine peștele pe ambele părți.
9. Dish out când d1.
10. Tăiați peștele în felii.
11. Adăugați orezul într-un castron.
12. Adăugați deasupra peștele tăiat felii.
13. Preparatul dumneavoastră este gata de servit.

39.Bol de orez coreean St 1 Pot

INGREDIENTE:
- 1 cană de ciuperci
- 1 morcov tocat
- 2 cani de orez fiert
- 1 cană de bok choy
- 1 lingura de otet de orez
- doua linguri de frunze de coriandru tocate
- 1 cană de fâșii de vită fiartă
- Sarat la gust
- Piper negru după gust
- 2 linguri de sos gochujang Bibim
- 2 oua prajite

INSTRUCȚIUNI:
1. Luați 2 oale st1 mici.
2. Împărțiți orezul și legumele fierte în oale.
3. Adăugați oțetul de orez și amestecați-l ușor.
4. Se adaugă carne de vită, sare și piper.
5. Stropiți deasupra sosul gochujang Bibim.
6. Ornați vasul cu frunze de coriandru tocate.
7. Mâncarea dvs. este gata pentru a fi servită.

40. Bol de orez coreean cu sashimi

INGREDIENTE:
- 1 cană de felii de pește de calitate sashimi
- 2 cani de orez fiert
- 1 lingura de ceapa primavara tocata
- 1 lingura de otet de orez
- 1 cană de legume mixte pentru salată
- 1 cană de sos gochujang
- 2 linguri de wasabi
- Sarat la gust
- Piper negru după gust
- 2 linguri de sos de soia

INSTRUCȚIUNI:
1. Luați 2 boluri.
2. Împărțiți orezul și legumele în ambele boluri.
3. Adăugați deasupra sare, piper, oțet de orez, wasabi și sosul de soia.
4. Adăugați feliile de pește deasupra legumelor.
5. Adăugați deasupra sosul gochujang.
6. Decoreaza cu ceapa primavara tocata.
7. Mâncarea dvs. este gata pentru a fi servită.

41. Boluri coreene cu orez pentru sushi

INGREDIENTE:
- 1 cană de felii de somon
- 1 cană de felii de ton
- 2 cani de orez fiert
- 1 lingura de seminte de susan
- 2 oua tobiko
- 1 lingura de otet de orez
- 1 cană de legume sushi
- 1 cană de sos gochujang
- Sarat la gust
- Piper negru după gust
- 2 linguri de sos de soia

INSTRUCȚIUNI:
1. Luați 2 boluri.
2. Împărțiți orezul și legumele sushi în ambele boluri.
3. Adăugați deasupra sare, piper, oțet de orez și sosul de soia.
4. Încălziți tonul și feliile de somon la cuptorul cu microunde.
5. Adăugați aceste felii de carne deasupra legumelor.
6. Puneți ouăle de tobiko în lateral.
7. Adăugați deasupra sosul gochujang.
8. Decoreaza cu seminte de susan.
9. Mâncarea dvs. este gata de servit.

42.Bol de orez coreean cu pui

INGREDIENTE:
- 2 lingurite de gochujang
- 1/2 cană de seminţe de susan
- 1 lingurita de ghimbir proaspat
- 1 lingura de sos de peste
- 1 lingura de sos de soia
- Frunze de coriandru proaspăt
- 2 căni de pui măcinat
- 1 lingura de ceapa primavara tocata
- 2 căni de supă de pui
- 1 lingurita amidon de porumb
- 1 lingurita de usturoi tocat
- 2 linguri de ulei de susan
- 2 cani de orez
- 2 căni de apă

INSTRUCŢIUNI:
1. Ia un wok.
2. Adăugaţi uleiul, usturoiul tocat, gochujang şi ghimbirul în wok.
3. Adăugaţi bulionul de pui şi sosurile în amestecul wok.
4. Gătiţi vasul timp de zece minute.
5. Adăugaţi puiul măcinat în amestec.
6. Adăugaţi restul ingredientelor şi gătiţi-l timp de cinci minute.
7. Reduceţi căldura aragazului.
8. Gătiţi vasul încă cinci minute.
9. Ia o tigaie cu sos.
10. Adăugaţi apa în tigaie.
11. Adăugaţi orezul şi gătiţi bine timp de aproximativ zece minute.
12. Adăugaţi orezul în boluri.
13. Adăugaţi amestecul fiert deasupra.
14. Adăugaţi ceapa primăvară în farfurie.
15. Preparatul dumneavoastră este gata de servit.

43.Bol cu cârnați de vită coreeană

INGREDIENTE:
- 2 lingurite de gochujang
- 1/2 cană de semințe de susan
- 1 lingurita de ghimbir proaspat
- 1 lingura de sos de peste
- 1 lingura de sos de soia
- Frunze de coriandru proaspăt
- 2 căni de cârnați coreeni de vită
- 1 lingura de ceapa primavara tocata
- 1 lingurita amidon de porumb
- 1 lingurita de usturoi tocat
- 2 linguri de ulei de susan
- 2 cani de orez
- 2 căni de apă

INSTRUCȚIUNI:
1. Ia un wok.
2. Adăugați uleiul, usturoiul tocat, gochujang și ghimbirul în wok.
3. Adăugați în amestecul wok.
4. Gătiți vasul timp de zece minute.
5. Adăugați feliile de cârnați de vită în amestec.
6. Adăugați restul ingredientelor și gătiți-l timp de cinci minute.
7. Reduceți căldura aragazului.
8. Gătiți vasul încă cinci minute.
9. Ia o tigaie cu sos.
10. Adăugați apa în tigaie.
11. Adăugați orezul și gătiți bine timp de aproximativ zece minute.
12. Adăugați orezul în boluri.
13. Adăugați amestecul fiert deasupra.
14. Adăugați ceapa primăvară în farfurie.
15. Preparatul dumneavoastră este gata de servit.

44. Bol coreeană cu creveți Donburi

INGREDIENTE:
- 2 lingurițe de vin de orez
- 1 lingurita de zahar tos
- 1/4 linguriță de gochujang
- 2 lingurițe de chili roșu tocat
- Piper negru
- Sare
- 1 lingura de ghimbir tocat
- 1 lingura de sos de stridii
- 1 lingura de sos de soia usor
- 1/2 cana de ceapa primavara tocata marunt
- 2 lingurite de ulei de susan
- 4 lingurițe de sos de soia închis la culoare
- 2 căni de bucăți de creveți
- 2 cani de orez
- 2 căni de apă

INSTRUCȚIUNI:
1. Luați o tigaie mare.
2. Într-o tigaie se încălzește uleiul și se adaugă bucățile de creveți în el.
3. Gătiți-l până devin crocante și aurii.
4. Adăugați ghimbirul tocat în tigaie.
5. Adăugați vinul de orez în tigaie.
6. Gătiți bine amestecul timp de aproximativ zece minute până când sunt prăjiți.
7. Adăugați în tigaie zahăr tos, gochujang, ardei iute roșu, sos de soia închis, sos de stridii, sos ușor de soia, piper negru și sare.
8. Gătiți bine ingredientele timp de aproximativ cincisprezece minute.
9. Ia o tigaie cu sos.
10. Adăugați apa în tigaie.
11. Adăugați orezul și gătiți bine timp de aproximativ zece minute.
12. Adăugați orezul în boluri.
13. Adăugați amestecul fiert deasupra.
14. Mâncarea dvs. este gata pentru a fi servită.

45.Bol de orez coreean cu conopidă

INGREDIENTE:
- 1 cană de ciuperci
- 1 morcov tocat
- 2 căni de orez cu conopidă
- 1 cană de bok choy
- 1 lingura de otet de orez
- 1 lingura de seminte de susan
- 2 căni de apă
- Sarat la gust
- Piper negru după gust
- 2 linguri de sos de soia
- 1 lingurita de usturoi zdrobit

INSTRUCȚIUNI:
1. Gătiți ciupercile, bok choy și morcovii într-o tigaie.
2. Adăugați usturoiul zdrobit, sosul de soia, oțetul de orez, sare și piper negru.
3. Adăugați orezul cu conopidă în tigaie.
4. Gatiti zece minute.
5. Adăugați amestecul de orez cu conopidă într-un castron.
6. Mâncarea dvs. este gata pentru a fi servită.

46.Bol coreeană cu pui la grătar

INGREDIENTE:
- 1 cană de bucăți de pui fără b1
- 2 cani de orez
- 1 lingura de otet de orez
- 1 lingura de seminte de susan
- 2 căni de apă
- Sarat la gust
- Piper negru după gust
- 1/2 cană de sos BBQ
- 2 linguri de sos de soia
- 1 lingurita de usturoi zdrobit

INSTRUCȚIUNI:
1. Luați o tigaie cu sos.
2. Adăugați apa în tigaie.
3. Adăugați orezul și gătiți bine timp de aproximativ zece minute.
4. Gătiți bucățile de pui într-o tigaie.
5. Adăugați usturoiul zdrobit, sosul de soia, sosul BBQ, oțetul de orez, sare și piper negru.
6. Gătiți timp de zece minute.
7. Adăugați orezul într-un castron.
8. Adăugați legumele deasupra.
9. Mâncarea dvs. este gata de servit.

47.Bol de orez coreean cu carne de vită picant

INGREDIENTE:
- 2 lingurite de gochujang
- 1/2 cană de seminţe de susan
- 1 lingurita de ghimbir proaspat
- 1 lingura de sos de peste
- 1 lingura de sos de soia
- 1 lingura de ardei iute rosu
- Frunze de coriandru proaspăt
- 2 căni de fâşii de vită
- 1 lingura de ceapa primavara tocata
- 2 căni de bulion de vită
- 1 lingurita amidon de porumb
- 1 lingurita de usturoi tocat
- 2 linguri de ulei de susan
- 2 cani de orez
- 2 căni de apă

INSTRUCŢIUNI:
1. Ia un wok.
2. Adăugaţi în wok uleiul, usturoiul tocat, gochujang, ardeiul iute şi ghimbirul.
3. Adăugaţi bulionul de vită şi sosurile în amestecul wok.
4. Gătiţi vasul timp de zece minute.
5. Adăugaţi fâşiile de vită în amestec.
6. Adăugaţi restul ingredientelor şi gătiţi-l timp de cinci minute.
7. Reduceţi căldura aragazului.
8. Gătiţi vasul încă cinci minute.
9. Ia o tigaie cu sos.
10. Adăugaţi apa în tigaie.
11. Adăugaţi orezul şi gătiţi bine timp de aproximativ zece minute.
12. Adăugaţi orezul în boluri.
13. Adăugaţi amestecul fiert deasupra.
14. Adăugaţi ceapa primăvară în farfurie.
15. Preparatul dumneavoastră este gata de servit.

BOLURI VIETNAMEZE DE OREZ

48. Bol de orez Banh Mi

INGREDIENTE:
- 2 căni de orez fiert
- 1 lingurita de sos de peste
- 1 cană de varză mărunțită
- 1 cana de ceapa verde tocata
- 2 linguri de coriandru tocat
- 1 cana bucati de muschi de porc
- 1 cană de legume murate
- 2 linguri de ulei de măsline
- 1 cană de maia sriracha
- Sarat la gust
- Piper negru după gust

INSTRUCȚIUNI:
1. Ia o tigaie.
2. Adăugați uleiul în tigaie.
3. Adăugați carnea de porc, sare și piper negru.
4. Gătiți bine timp de aproximativ zece minute.
5. Dish out când d1.
6. Împărțiți orezul în 2 boluri.
7. Adăugați deasupra carnea de porc, legumele murate, maiaua sriracha și restul ingredientelor.
8. Deasupra se ornează cu coriandru.
9. Mâncarea dvs. este gata de servit.

49.Carne de vită și orez crocant

INGREDIENTE:
- 2 căni de orez brun fiert
- 1 cană de sos sriracha
- 1 lingura de sos de peste
- 1 cană de fâșii de vită fiartă
- 1 lingura de otet de orez
- Sarat la gust
- Piper negru după gust
- 2 linguri de sos de soia
- 1 lingurita de usturoi zdrobit
- 2 linguri de ulei de gatit

INSTRUCȚIUNI:
1. Adăugați uleiul într-o tigaie.
2. Adăugați orezul fiert în tigaie.
3. Amesteca bine orezul.
4. Lasă-l să devină crocant.
5. Gătiți timp de aproximativ zece minute.
6. Adăugați toate sosurile și condimentele în amestec.
7. Amestecați bine ingredientele.
8. Adăugați orez crocant într-un castron.
9. Adăugați carnea de vită fiartă deasupra orezului.
10. Mâncarea dvs. este gata de servit.

50.Bol cu orez cu pui și Sirarcha

INGREDIENTE:
- 2 căni de orez brun fiert
- 1 cană de sos sriracha
- 1 lingura de sos de peste
- 1 cană de fâșii de pui
- 1 lingura de otet de orez
- Sarat la gust
- Piper negru după gust
- 2 linguri de sos de soia
- 1 lingurita de usturoi zdrobit
- 2 linguri de ulei de gatit

INSTRUCȚIUNI:
1. Adăugați uleiul într-o tigaie.
2. Adăugați usturoiul în tigaie.
3. Amesteca bine usturoiul.
4. Lasă-l să devină crocant.
5. Adăugați bucățile de pui.
6. Adăugați toate sosurile și condimentele în amestec.
7. Amestecați bine ingredientele.
8. Împărțiți orezul fiert în 2 boluri.
9. Adăugați puiul fiert deasupra orezului.
10. Mâncarea dvs. este gata de servit.

51.Bol cu tăiței de vită cu iarbă de lămâie

INGREDIENTE:
- 2 căni de tăiței
- 2 căni de apă
- 1 lingurita de sos de peste
- 1 cană de ceapă
- 1 cană de apă
- 2 linguri de usturoi tocat
- 2 linguri de ghimbir tocat
- 1/2 cană de coriandru
- 2 linguri de lemongrass uscată
- 2 linguri de ulei de măsline
- 1 cană de supă de vită
- 1 cană de fâșii de vită
- 1 cana de rosii tocate

INSTRUCȚIUNI:
1. Ia o tigaie.
2. Adăugați uleiul și ceapa.
3. Se caleste ceapa pana devine moale si aromata.
4. Adăugați usturoiul tocat și ghimbirul.
5. Gatiti amestecul si adaugati rosiile in el.
6. Adăugați condimentele.
7. Adăugați în ea fâșiile de vită, bulionul de vită și sosul de pește.
8. Amestecați ingredientele cu grijă și acoperiți tava.
9. Gătiți timp de zece minute.
10. Luați o cratiță.
11. Adăugați apa în tigaie.
12. Adăugați tăițeii și gătiți bine timp de aproximativ zece minute.
13. Împărțiți tăițeii în 2 boluri.
14. Adăugați deasupra amestecul de carne de vită și coriandru.
15. Preparatul dumneavoastră este gata de servit.

52.Bol cu orez glazurat cu pui

INGREDIENTE:
- 2 lingurițe de vin de orez
- 1/4 lingurita de sos de peste
- Piper negru
- Sare
- 1 lingura de ghimbir tocat
- 1 lingura de sos de stridii
- 1 lingura de sos de soia usor
- 1/2 cana de ceapa primavara tocata marunt
- 2 lingurite de ulei de susan
- 4 lingurițe de sos de soia închis la culoare
- 2 căni de bucăți glazurate de pui
- 2 căni de orez fiert

INSTRUCȚIUNI:
1. Luați o tigaie mare.
2. Adăugați ghimbirul tocat în tigaie.
3. Adăugați vinul de orez în tigaie.
4. Gătiți bine amestecul timp de aproximativ zece minute până când sunt prăjiți.
5. Adăugați în tigaie sos de pește, sos de soia închis, sos de stridii, sos ușor de soia, piper negru și sare.
6. Gătiți bine ingredientele timp de aproximativ cincisprezece minute.
7. Adăugați orezul în 2 boluri.
8. Adăugați amestecul fiert deasupra.
9. Adăugați bucățile de pui glazurate deasupra.
10. Mâncarea dvs. este gata de servit.

53.Rețetă de vermicelli cu creveți cu usturoi

INGREDIENTE:
- 1 cană de vermicelli de orez
- 1 lingurita de sos de peste
- 1 cană de ceapă
- 1 cană de apă
- 2 linguri de usturoi tocat
- 2 linguri de ghimbir tocat
- 1/2 cană de coriandru
- 2 linguri de ulei de gatit
- 1 cană bucăți de creveți
- 1 cană de supă de legume
- 1 cana de rosii tocate

INSTRUCȚIUNI:
1. Ia o tigaie.
2. Adăugați uleiul și ceapa.
3. Se caleste ceapa pana devine moale si aromata.
4. Adăugați usturoiul tocat și ghimbirul.
5. Gatiti amestecul si adaugati rosiile in el.
6. Adăugați condimentele.
7. Adăugați bucățile de creveți în el.
8. Amestecați ingredientele cu grijă și acoperiți tava.
9. Adăugați vermicelli de orez, sosul de pește și restul ingredientelor.
10. Gatiti zece minute.
11. Împărțiți-l în 2 boluri.
12. Adăugați coriandru deasupra.
13. Preparatul dumneavoastră este gata de servit.

54.Bol cu găluște de pui cu tăiței

INGREDIENTE:
- 1 lingura de sos de soia usor
- 1/2 cana de ceapa primavara tocata marunt
- 2 lingurite de ulei de susan
- 4 lingurițe de sos de soia închis la culoare
- 2 căni de găluște de pui la abur
- 2 cani de taitei fierti
- 2 lingurițe de vin de orez
- 1/4 lingurita de sos de peste
- Piper negru
- Sare
- 1 lingura de ghimbir tocat
- 1 lingura de sos de stridii

INSTRUCȚIUNI:
1. Luați o tigaie mare.
2. Adăugați ghimbirul tocat în tigaie.
3. Adăugați vinul de orez în tigaie.
4. Gătiți bine amestecul timp de aproximativ zece minute până când sunt prăjiți.
5. Adăugați în tigaie sos de pește, sos de soia închis, sos de stridii, sos ușor de soia, piper negru și sare.
6. Gătiți bine ingredientele timp de aproximativ cincisprezece minute.
7. Adăugați tăițeii în 2 boluri.
8. Adăugați amestecul fiert deasupra.
9. Adăugați deasupra găluștele de pui.
10. Mâncarea dvs. este gata de servit.

55.Bol cu orez cu pui

INGREDIENTE:
- 2 linguri de usturoi tocat
- 2 linguri de ghimbir tocat
- 1/2 cană de coriandru
- 2 linguri de ulei de gatit
- 1 cană de supă de pui
- 1 cană bucăți de pui
- 1 cana de rosii tocate
- 2 cani de orez
- 2 căni de apă
- 1 lingurita de sos de peste
- 1 cană de ceapă
- 1 cană de apă

INSTRUCȚIUNI:
1. Ia o tigaie.
2. Adăugați uleiul și ceapa.
3. Se caleste ceapa pana devine moale si aromata.
4. Adăugați usturoiul tocat și ghimbirul.
5. Gatiti amestecul si adaugati rosiile in el.
6. Adăugați condimentele.
7. Adăugați bucățile de pui, bulionul de pui și sosul de pește în el.
8. Amestecați ingredientele cu grijă și acoperiți tava.
9. Gătiți timp de zece minute.
10. Ia o tigaie cu sos.
11. Adăugați apa în tigaie.
12. Adăugați orezul și gătiți bine timp de aproximativ zece minute.
13. Împărțiți orezul în 2 boluri.
14. Adăugați deasupra amestecul de pui și coriandru.
15. Mâncarea dvs. este gata pentru a fi servită.

56.Bol cu orez picant cu carne de vită

INGREDIENTE:
- 1/2 cană de coriandru
- 2 linguri de ardei iute rosu
- 2 linguri de ulei de măsline
- 1 cană de supă de vită
- 1 cană de fâșii de vită
- 1 cana de rosii tocate
- 2 căni de orez brun
- 2 căni de apă
- 1 lingurita de sos de peste
- 1 cană de ceapă
- 1 cană de apă
- 2 linguri de usturoi tocat
- 2 linguri de ghimbir tocat

INSTRUCȚIUNI:
1. Ia o tigaie.
2. Adăugați uleiul și ceapa.
3. Se caleste ceapa pana devine moale si aromata.
4. Adăugați usturoiul tocat și ghimbirul.
5. Gatiti amestecul si adaugati rosiile in el.
6. Adăugați condimentele.
7. Adăugați în ea fâșiile de vită, ardeiul iute roșu, bulionul de vită și sosul de pește.
8. Amestecați ingredientele cu grijă și acoperiți tava.
9. Gătiți timp de zece minute.
10. Luați o cratiță.
11. Adăugați apa în tigaie.
12. Adăugați orezul brun și gătiți bine timp de aproximativ zece minute.
13. Împărțiți orezul brun în 2 boluri.
14. Adăugați deasupra amestecul de carne de vită și coriandru.
15. Preparatul dumneavoastră este gata de servit.

57.Bol cu pui caramelizat

INGREDIENTE:
- 1/2 cana de ceapa primavara tocata marunt
- 2 lingurite de ulei de susan
- 4 lingurițe de sos de soia închis la culoare
- 2 căni de bucăți de pui fierte
- 2 linguri de zahar
- 2 căni de orez fiert
- 2 lingurițe de vin de orez
- 1/4 lingurita de sos de peste
- Piper negru
- Sare
- 1 lingura de ghimbir tocat
- 1 lingura de sos de stridii
- 1 lingura de sos de soia usor

INSTRUCȚIUNI:
1. Luați o tigaie mare.
2. Adăugați ghimbirul tocat în tigaie.
3. Adăugați vinul de orez în tigaie.
4. Gătiți bine amestecul timp de aproximativ zece minute până când sunt prăjiți.
5. Adăugați în tigaie sos de pește, sos de soia închis, sos de stridii, sos ușor de soia, piper negru și sare.
6. Gătiți bine ingredientele timp de aproximativ cincisprezece minute.
7. Dish out când d1.
8. Adăugați zahăr în tigaie și lăsați-l să se topească.
9. Adăugați bucățile de pui fierte și amestecați bine.
10. Gătiți timp de cinci minute.
11. Adăugați orezul în 2 boluri.
12. Adăugați amestecul fiert deasupra.
13. Adăugați deasupra puiul caramelizat.
14. Preparatul dumneavoastră este gata de servit.

BOLNE INDIENE DE OREZ

58.Bol cu orez Tikka cu pui

INGREDIENTE:
- 1 cană de bucăți de pui fără b1
- 2 cani de orez
- 2 căni de apă
- 2 linguri de pudră de chili roșu
- 1 lingurita de praf de garam masala
- 1 lingura de ulei de gatit
- 2 linguri de tikka masala
- Sarat la gust
- Piper negru după gust
- 2 linguri de praf de coriandru
- 1 lingurita de chimen pudra
- 1 lingurita de usturoi zdrobit

INSTRUCȚIUNI:
1. Luați o tigaie cu sos.
2. Adăugați apa în tigaie.
3. Adăugați orezul și gătiți bine timp de aproximativ zece minute.
4. Luați o tigaie mare.
5. Adăugați usturoiul tocat în tigaie.
6. Adăugați condimentele în tigaie.
7. Gătiți bine amestecul timp de aproximativ zece minute până când sunt prăjiți.
8. Adăugați bucățile de pui în tigaie.
9. Gătiți bine ingredientele timp de aproximativ cincisprezece minute.
10. Adăugați orezul într-un castron.
11. Adăugați deasupra amestecul de pui tikka.
12. Preparatul dumneavoastră este gata de servit.

59. Bol cu orez brun cu curry

INGREDIENTE:
- 1/2 kilogram de legume
- 2 cepe
- 2 linguri de ulei de canola
- 1 cană de orez brun fiert
- 2 căni de apă
- 1 lingurita de ghimbir
- 2 rosii
- 4 catei de usturoi
- 2 ardei iute verzi
- Sarat la gust
- 1 lingurita de piper rosu curry
- Piper negru după gust
- 1 lingurita de frunze de coriandru
- 1/2 lingurita de garam masala
- 1 lingurita de seminte de mustar negru
- 1 lingurita de seminte de chimen

INSTRUCȚIUNI:
1. Luați o tigaie și adăugați uleiul în ea.
2. Se încălzește uleiul și se adaugă ceapa în el.
3. Prăjiți ceapa până devine maro deschis.
4. Adăugați semințele de chimen și semințele de muștar în tigaie.
5. Prăjiți-le bine și adăugați sare și piper și ardei iute verzi.
6. Adăugați în el turmericul, ghimbirul și căței de usturoi.
7. Adăugați legumele și ardeiul curry roșu în tigaie.
8. Amestecați-le bine și continuați să gătiți timp de cincisprezece minute.
9. Adăugați orez brun într-un castron.
10. Adăugați deasupra amestecul pregătit.
11. Adăugați frunzele de coriandru și garam masala pentru ornat.
12. Preparatul dumneavoastră este gata de servit.

60.Bol cu orez cu brânză

INGREDIENTE:
- 1/2 kilogram de brânză amestecată
- 2 cepe
- 2 linguri de ulei de canola
- 1 cană de orez brun fiert
- 2 căni de apă
- 1 lingurita de ghimbir
- 2 rosii
- 4 catei de usturoi
- 2 ardei iute verzi
- Sarat la gust
- 1 lingurita de piper rosu curry
- Piper negru după gust
- 1 lingurita de frunze de coriandru
- 1/2 lingurita de garam masala
- 1 lingurita de seminte de mustar negru
- 1 lingurita de seminte de chimen

INSTRUCȚIUNI:
1. Luați o tigaie și adăugați uleiul în ea.
2. Se încălzește uleiul și se adaugă ceapa în el.
3. Prăjiți ceapa până devine maro deschis.
4. Adăugați semințele de chimen și semințele de muștar în tigaie.
5. Prăjiți-le bine și adăugați sare și piper și ardei iute verzi.
6. Adăugați în el turmericul, ghimbirul și cățeii de usturoi.
7. Adăugați brânza, orezul și ardeiul curry roșu în tigaie.
8. Amestecați-le bine și continuați să gătiți timp de cincisprezece minute.
9. Adăugați orez brun într-un castron.
10. Preparatul dumneavoastră este gata de servit.

61.Bol de orez indian cu curry de oaie

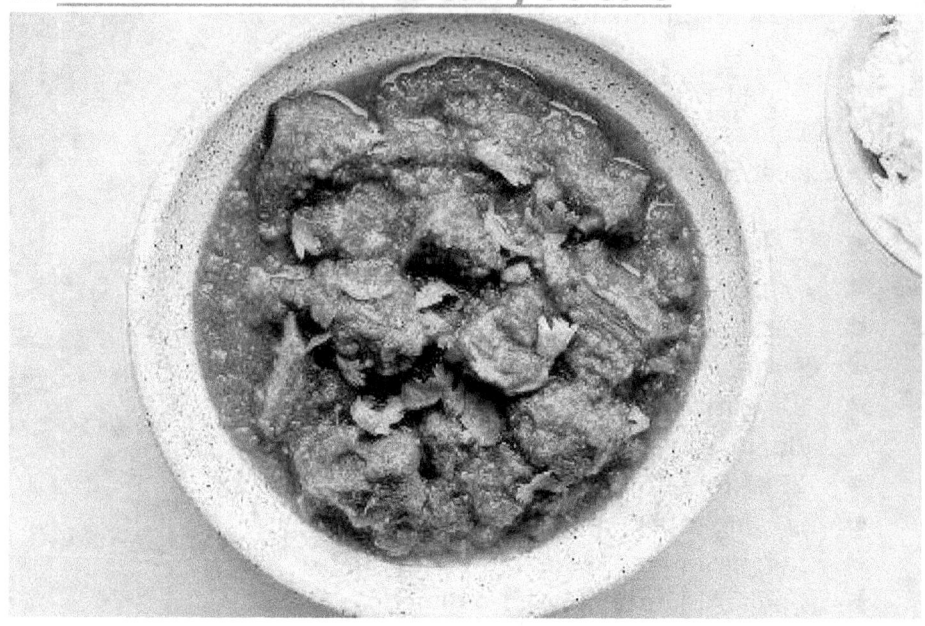

INGREDIENTE:
- 1/2 kilogram de bucăți de carne de oaie
- 2 cepe
- 2 linguri de ulei de canola
- 1 cană de orez fiert
- 2 căni de apă
- 1 lingurita de ghimbir
- 2 rosii
- 4 catei de usturoi
- Șase ardei iute verzi
- Sarat la gust
- 1 lingurita de piper rosu curry
- Piper negru după gust
- 1 lingurita de frunze de coriandru
- 1/2 lingurita de garam masala
- 1 lingurita de seminte de mustar negru
- 1 lingurita de seminte de chimen

INSTRUCȚIUNI:
1. Luați o tigaie și adăugați uleiul în ea.
2. Se încălzește uleiul și se adaugă ceapa în el.
3. Prăjiți ceapa până devine maro deschis.
4. Adăugați semințele de chimen și semințele de muștar în tigaie.
5. Prăjiți-le bine și adăugați sare și piper și ardei iute verzi.
6. Adăugați în el turmericul, ghimbirul și cățeii de usturoi.
7. Adăugați carnea de oaie și ardeiul curry roșu în tigaie.
8. Amestecați-le bine și continuați să gătiți timp de cincisprezece minute.
9. Adăugați orezul într-un castron.
10. Adăugați deasupra amestecul pregătit.
11. Adăugați frunzele de coriandru și garam masala pentru ornat.
12. Preparatul dumneavoastră este gata de servit.

62.Bol indian cu curry cremos

INGREDIENTE:
- 1/2 kilogram de legume
- 2 cepe
- 2 linguri de ulei de canola
- 1 cană de orez fiert
- 2 căni de apă
- 1 lingurita de ghimbir
- 2 rosii
- 4 catei de usturoi
- 2 ardei iute verzi
- 1 cană de smântâna groasă
- Sarat la gust
- 1 lingurita de piper rosu curry
- Piper negru după gust
- 1 lingurita de frunze de coriandru
- 1/2 lingurita garam masala
- 1 lingurita de seminte de mustar negru
- 1 lingurita de seminte de chimen

INSTRUCȚIUNI:
1. Luați o tigaie și adăugați uleiul în ea.
2. Se încălzește uleiul și se adaugă ceapa în el.
3. Prăjiți ceapa până devine maro deschis.
4. Adăugați semințele de chimen și semințele de muștar în tigaie.
5. Prăjiți-le bine și adăugați sare și piper și ardei iute verzi.
6. Adăugați în ea turmericul, ghimbirul și cățeii de usturoi.
7. Adăugați legumele, smântâna groasă și ardeiul curry roșu în tigaie.
8. Amestecați-le bine și continuați să gătiți timp de cincisprezece minute.
9. Adăugați orezul într-un castron.
10. Adăugați deasupra amestecul pregătit.
11. Adăugați frunzele de coriandru și garam masala pentru ornat.
12. Preparatul dumneavoastră este gata de servit.

63.Bol cu orez indian cu lămâie

INGREDIENTE:
- 2 linguri de ulei de canola
- 1 cană de ierburi proaspete
- 1 cană de lămâi feliate
- 1 lingură de pudră de chili roșu
- 2 linguri de suc de lamaie
- 1 lingurita de pasta de usturoi si ghimbir
- 1 lingurita de fulgi de chili
- 1/2 lingurita de chimen pudra
- 1 lingura de praf de coriandru
- Sare
- 2 căni de orez fiert

INSTRUCȚIUNI:
1. Luați o cratiță și adăugați uleiul în ea.
2. Se încălzește uleiul și se adaugă bucățile de lămâie, sare și piper.
3. Gătiți-l câteva minute până când lămâia devine moale.
4. Adăugați în ea usturoiul, ghimbirul și fulgii de ardei iute.
5. Gătiți-l până când amestecul devine parfumat.
6. Adăugați condimentele în amestec și gătiți.
7. Adăugați orezul în 2 boluri.
8. Împărțiți amestecul fiert în 2 boluri.
9. Adăugați ierburile proaspete deasupra.
10. Preparatul dumneavoastră este gata de servit.

64.Bol indian Buddha de conopidă

INGREDIENTE:
- 1 cană de buchețele de conopidă
- 2 cani de quinoa
- 2 căni de apă
- 2 linguri de pudră de chili roșu
- 1 lingurita de praf de garam masala
- 1 lingura de ulei de gatit
- 2 căni de spanac
- 2 căni de ardei gras roșu
- 1/2 cană de caju prăjite
- Sarat la gust
- Piper negru după gust
- 2 linguri de praf de coriandru
- 1 lingurita de chimen pudra
- 1 lingurita de usturoi zdrobit

INSTRUCȚIUNI:
1. Luați o tigaie cu sos.
2. Adăugați apa în tigaie.
3. Adăugați quinoa și gătiți bine timp de aproximativ zece minute.
4. Luați o tigaie mare.
5. Adăugați usturoiul tocat în tigaie.
6. Adăugați condimentele în tigaie.
7. Gătiți bine amestecul timp de aproximativ zece minute până când sunt prăjiți.
8. Adăugați spanacul, conopida și ardeiul gras în tigaie.
9. Gătiți bine ingredientele timp de aproximativ cincisprezece minute.
10. Adăugați quinoa într-un castron.
11. Adăugați deasupra conopida masala.
12. Peste conopida se adauga caju prajite.
13. Preparatul dumneavoastră este gata de servit.

65.Bol de linte indiană la grătar

INGREDIENTE:
- 2 linguri de ulei de canola
- 1 cană de ierburi proaspete
- 1 lingură de pudră de chili roșu
- 2 cani de linte la gratar
- 1 lingurita de pasta de usturoi si ghimbir
- 1 lingurita de fulgi de chili
- 1/2 lingurita de chimen pudra
- 1 lingura de praf de coriandru
- Sare
- 1/2 cană de sos de mentă
- 2 căni de orez fiert

INSTRUCȚIUNI:
1. Luați o cratiță și adăugați uleiul în ea.
2. Încălziți uleiul și adăugați în el lintea la grătar, sare și piper.
3. Adăugați în el usturoiul, ghimbirul și fulgii de ardei iute.
4. Gătiți-l până când amestecul devine parfumat.
5. Adăugați condimentele în amestec și gătiți.
6. Adăugați orezul în 2 boluri.
7. Împărțiți amestecul fiert în 2 boluri.
8. Adăugați deasupra ierburile proaspete și sosul de mentă.
9. Mâncarea dvs. este gata de servit.

66.Bol indiană cu orez cu pui

INGREDIENTE:
- 1/2 kilogram de bucăți de pui
- 2 cepe
- 2 linguri de ulei de canola
- 1 cană de orez fiert
- 2 căni de apă
- 1 lingurita de ghimbir
- 2 rosii
- 4 catei de usturoi
- Șase ardei iute verzi
- Sarat la gust
- 1 lingurita de piper rosu curry
- Piper negru după gust
- 1 lingurita de frunze de coriandru
- 1/2 lingurita garam masala
- 1 lingurita de seminte de mustar negru
- 1 lingurita de seminte de chimen

INSTRUCȚIUNI:
1. Luați o tigaie și adăugați uleiul în ea.
2. Se încălzește uleiul și se adaugă ceapa în el.
3. Prăjiți ceapa până devine maro deschis.
4. Adăugați semințele de chimen și semințele de muștar în tigaie.
5. Prăjiți-le bine și adăugați sare și piper și ardei iute verzi.
6. Adăugați în el turmericul, ghimbirul și căteii de usturoi.
7. Adăugați puiul și ardeiul curry roșu în tigaie.
8. Amestecați-le bine și continuați să gătiți timp de cincisprezece minute.
9. Adăugați orezul într-un castron.
10. Adăugați deasupra amestecul pregătit.
11. Adăugați frunzele de coriandru și garam masala pentru ornat.
12. Preparatul dumneavoastră este gata de servit.

67.Bol cu orez roşu indian

INGREDIENTE:
- 1/2 kilogram de orez roşu
- 2 cepe
- 2 linguri de ulei de canola
- 2 căni de apă
- 1 lingurita de ghimbir
- 2 rosii
- 4 catei de usturoi
- Şase ardei iute verzi
- Sarat la gust
- 1 lingurita de piper rosu curry
- Piper negru după gust
- 1 lingurita de frunze de coriandru
- 1/2 lingurita de garam masala
- 1 lingurita de seminte de chimen

INSTRUCŢIUNI:
1. Luaţi o tigaie şi adăugaţi uleiul în ea.
2. Se încălzeşte uleiul şi se adaugă ceapa în el.
3. Prăjiţi ceapa până devine maro deschis.
4. Adăugaţi seminţele de chimen în tigaie.
5. Prăjiţi-le bine şi adăugaţi sare şi piper şi ardei iute verzi.
6. Adăugaţi în el turmericul, ghimbirul şi căţeii de usturoi.
7. Adăugaţi orezul roşu şi ardeiul curry roşu în tigaie.
8. Amestecaţi-le bine şi continuaţi să gătiţi timp de cincisprezece minute.
9. Adăugaţi orezul într-un castron.
10. Adăugaţi frunzele de coriandru şi garam masala pentru ornat.
11. Preparatul dumneavoastră este gata de servit.

68.Bol cu orez cu carne de cocos

INGREDIENTE:
- 1/2 kilogram de bucăți de carne de vită
- 2 cepe
- 2 linguri de ulei de canola
- 1 cană de orez fiert
- 2 căni de apă
- 1 lingurita de ghimbir
- 2 rosii
- 4 catei de usturoi
- Șase ardei iute verzi
- Sarat la gust
- 1 lingurita de piper rosu curry
- Piper negru după gust
- 1 lingurita de frunze de coriandru
- 1/2 lingurita de garam masala
- 1 lingurita de pudra de cocos deshidratata
- 1 lingurita de seminte de chimen

INSTRUCȚIUNI:
1. Luați o tigaie și adăugați uleiul în ea.
2. Se încălzește uleiul și se adaugă ceapa în el.
3. Prăjiți ceapa până devine maro deschis.
4. Adăugați semințele de chimen în tigaie.
5. Prăjiți-le bine și adăugați sare și piper și ardei iute verzi.
6. Adăugați în el turmericul, ghimbirul și cățeii de usturoi.
7. Adăugați carnea de vită și ardeiul curry roșu în tigaie.
8. Amestecați-le bine și continuați să gătiți timp de cincisprezece minute.
9. Adăugați orez și nuca de cocos deshidratată într-un castron.
10. Adăugați deasupra amestecul pregătit.
11. Adăugați frunzele de coriandru și garam masala pentru ornat.
12. Preparatul dumneavoastră este gata de servit.

69.Bol cu pui tandoori

INGREDIENTE:
- 1 cană de bucăți de pui fără b1
- 2 cani de orez
- 2 căni de apă
- 2 linguri de pudră de chili roșu
- 1 lingurita de praf de garam masala
- 1 lingura de ulei de gatit
- 2 linguri de masala tandoori
- Sarat la gust
- Piper negru după gust
- 2 linguri de praf de coriandru
- 1 lingurita de chimen pudra
- 1 lingurita de usturoi zdrobit

INSTRUCȚIUNI:
1. Luați o tigaie cu sos.
2. Adăugați apa în tigaie.
3. Adăugați orezul și gătiți bine timp de aproximativ zece minute.
4. Luați o tigaie mare.
5. Adăugați usturoiul tocat în tigaie.
6. Adăugați condimentele în tigaie.
7. Gătiți bine amestecul timp de aproximativ zece minute până când sunt prăjiți.
8. Adăugați bucățile de pui în tigaie.
9. Gătiți bine ingredientele timp de aproximativ cincisprezece minute.
10. Adăugați orezul într-un castron.
11. Adăugați deasupra amestecul de pui tandoori.
12. Preparatul dumneavoastră este gata de servit.

70. Turmeric Paneer și castron de orez

INGREDIENTE:
- 2 cani de tofu tocat
- 2 cani de orez
- 2 căni de apă
- 2 linguri de pudră de turmeric
- 1 lingurita de praf de garam masala
- 1 lingura de ulei de gatit
- Sarat la gust
- Piper negru după gust
- 2 linguri de ierburi proaspete
- 1 lingurita de chimen pudra
- 1 lingurita de usturoi zdrobit

INSTRUCȚIUNI:
1. Luați o tigaie cu sos.
2. Adăugați apa în tigaie.
3. Adăugați orezul și gătiți bine timp de aproximativ zece minute.
4. Luați o tigaie mare.
5. Adăugați usturoiul tocat în tigaie.
6. Adăugați condimentele în tigaie.
7. Gătiți bine amestecul timp de aproximativ zece minute până când sunt prăjiți.
8. Adăugați tofu și ierburi în tigaie.
9. Gătiți bine ingredientele aproximativ cinci minute.
10. Adăugați orezul într-un castron.
11. Adăugați deasupra amestecul de tofu cu turmeric.
12. Preparatul dumneavoastră este gata de servit.

71.Bol cu curry Paneer

INGREDIENTE:
- 1/2 kilogram de bucati de tofu
- 2 cepe
- 2 linguri de ulei de canola
- 1 cană de orez fiert
- 2 căni de apă
- 1 lingurita de ghimbir
- 2 rosii
- 4 catei de usturoi
- Șase ardei iute verzi
- Sarat la gust
- 1 lingurita de piper rosu curry
- Piper negru după gust
- 1 lingurita de frunze de coriandru
- 1/2 lingurita de garam masala
- 1 lingurita de seminte de mustar negru
- 1 lingurita de seminte de chimen

INSTRUCȚIUNI:
1. Luați o tigaie și adăugați uleiul în ea.
2. Se încălzește uleiul și se adaugă ceapa în el.
3. Prăjiți ceapa până devine maro deschis.
4. Adăugați semințele de chimen și semințele de muștar în tigaie.
5. Prăjiți-le bine și adăugați sare și piper și ardei iute verzi.
6. Adăugați în el turmericul, ghimbirul și cățeii de usturoi.
7. Adăugați tofu și ardeiul curry roșu în tigaie.
8. Amestecați-le bine și continuați să gătiți timp de cincisprezece minute.
9. Adăugați orezul într-un castron.
10. Adăugați deasupra amestecul pregătit.
11. Adăugați frunzele de coriandru și garam masala pentru ornat.
12. Preparatul dumneavoastră este gata de servit.

72. Bol cu năut Chaat

INGREDIENTE:
- O cană de ceapă tocată
- 2 linguri de amestec de chaat masala
- O cană de năut alb
- 1/2 cană chutney de mentă
- 1 lingura de ardei iute verzi
- 1/2 cană de sos de tamarind
- 1/2 cană de papdi

INSTRUCȚIUNI:
1. Fierbeți năutul într-o cratiță mare plină cu apă.
2. Scurge-le odată ce sunt fierte.
3. Adăugați-l într-un castron.
4. Adăugați restul ingredientelor în bol.
5. Mâncarea este gata de servit.

BOLURI DE OREZ TAILANDEZ

73. Bol cu somon Buddha

INGREDIENTE:
- 1 cană bulion de pește
- 2 căni de bucăți de somon
- 1 lingurita de usturoi tocat
- 2 linguri de ulei vegetal
- 1 lingura de sos hoisin
- 1 lingura de sos sriracha
- 1/2 cană de țelină tocată
- 1 lingurita de vin de orez
- 2 căni de orez fiert
- 1 lingurita de ghimbir proaspat
- 2 linguri de ierburi proaspete
- 1 lingura de sos de peste
- 1 lingura de sos de soia
- 1/2 linguriță de cinci condimente thailandeze

INSTRUCȚIUNI:
1. Ia un wok.
2. Adăugați în wok sosul hoisin, sosul sriracha, usturoiul tocat, condimentele thailandeze și ghimbirul.
3. Adăugați bulionul de pește și sosurile în amestecul wok.
4. Gătiți vasul timp de zece minute.
5. Adăugați bucățile de somon în amestec.
6. Amestecați bine somonul și gătiți-l timp de cinci minute.
7. Gătește bine ingredientele și amestecă-le cu restul ingredientelor.
8. Reduceți căldura aragazului.
9. Gătiți vasul pentru încă cincisprezece minute.
10. Adăugați orezul fiert într-un castron.
11. Adăugați amestecul fiert deasupra.
12. Ornați cu ierburi proaspete.
13. Preparatul dumneavoastră este gata de servit.

74.Bol cu orez brun condimentat

INGREDIENTE:
- 1 lingura de sos de peste
- 1 lingura de sos de soia
- 1/2 linguriță de cinci condimente thailandeze
- 1/4 cană de alune
- 1 lingurita de usturoi tocat
- 2 linguri de ulei vegetal
- 1 lingura de sos hoisin
- 1 lingura de sos sriracha
- 1/2 cană de țelină tocată
- 1 lingurita de vin de orez
- 2 căni de orez brun fiert
- 1 lingurita de ghimbir proaspat
- 2 linguri de ierburi proaspete

INSTRUCȚIUNI:
1. Ia un wok.
2. Adăugați în wok sosul hoisin, sosul sriracha, usturoiul tocat, condimentele thailandeze și ghimbirul.
3. Adăugați sosurile în amestecul wok.
4. Gătiți vasul timp de zece minute.
5. Adăugați orezul brun în amestec.
6. Gătește bine ingredientele și amestecă-le cu restul ingredientelor.
7. Reduceți căldura aragazului.
8. Gătiți vasul pentru încă cincisprezece minute.
9. Adăugați orezul brun fiert într-un castron.
10. Adăugați alunele deasupra.
11. Ornați cu ierburi proaspete.
12. Preparatul dumneavoastră este gata de servit.

75.Boluri cu creveți cu arahide

INGREDIENTE:
- 1 lingura de sos de peste
- 1 lingura de sos de soia
- 1/2 linguriță de cinci condimente thailandeze
- 1/4 cană de alune
- 1 cană bulion de pește
- 2 căni bucăți de creveți
- 1 lingurita de usturoi tocat
- 2 linguri de ulei vegetal
- 1 lingura de sos hoisin
- 1 lingura de sos sriracha
- 1/2 cană de țelină tocată
- 1 lingurita de vin de orez
- 2 căni de orez fiert
- 1 lingurita de ghimbir proaspat
- 2 linguri de ierburi proaspete

INSTRUCȚIUNI:
1. Ia un wok.
2. Adăugați în wok sosul hoisin, sosul sriracha, usturoiul tocat, condimentele thailandeze și ghimbirul.
3. Adăugați bulionul de pește și sosurile în amestecul wok.
4. Gătiți vasul timp de zece minute.
5. Adăugați bucățile de creveți și arahide în amestec.
6. Se amestecă bine creveții și se fierbe timp de cinci minute.
7. Gătește bine ingredientele și amestecă-le cu restul ingredientelor.
8. Reduceți căldura aragazului.
9. Gătiți vasul pentru încă cincisprezece minute.
10. Adăugați orezul fiert într-un castron.
11. Adăugați amestecul fiert deasupra.
12. Ornați cu ierburi proaspete.
13. Preparatul dumneavoastră este gata de servit.

76.Bol cu busuioc

INGREDIENTE:
- 1 lingura de sos hoisin
- 1 lingura de sos sriracha
- 1/2 cană de țelină tocată
- 1 lingurita de vin de orez
- 2 căni de orez fiert
- 1 lingurita de ghimbir proaspat
- 2 linguri de ierburi proaspete
- 1 lingura de sos de peste
- 1 lingura de sos de soia
- 1/2 linguriță de cinci condimente thailandeze
- 1 cană de fâșii de vită
- 1 cană bulion de vită
- 2 cani de busuioc tocat
- 1 lingurita de usturoi tocat
- 2 linguri de ulei vegetal

INSTRUCȚIUNI:
1. Ia un wok.
2. Adăugați în wok sosul hoisin, sosul sriracha, usturoiul tocat, condimentele thailandeze și ghimbirul.
3. Adăugați bulionul de vită și sosurile în amestecul wok.
4. Gătiți vasul timp de zece minute.
5. Adăugați bucățile de carne de vită și busuioc în amestec.
6. Amestecați bine carnea de vită și gătiți-o timp de cincisprezece minute.
7. Adăugați orezul fiert într-un castron.
8. Adăugați amestecul fiert deasupra.
9. Ornează cu ierburi proaspete.
10. Preparatul dumneavoastră este gata de servit.

77.Bol Umami cu nucă de cocos

INGREDIENTE:
- 1 lingura de sos hoisin
- 1 lingura de sos sriracha
- 1/2 cană de țelină tocată
- 1 lingurita de vin de orez
- 2 căni de orez fiert
- 1 lingurita de ghimbir proaspat
- 2 linguri de ierburi proaspete
- 1 lingura de sos de peste
- 1 lingura de sos de soia
- 1/2 linguriță de cinci condimente thailandeze
- 1/4 cană de pudră de nucă de cocos
- 2 cesti de crema de cocos
- 2 căni de bucăți de pui
- 2 căni de legume de salată
- 1 lingurita de usturoi tocat
- 2 linguri de ulei vegetal

INSTRUCȚIUNI:
1. Ia un wok.
2. Adăugați în wok sosul hoisin, sosul sriracha, usturoiul tocat, condimentele thailandeze și ghimbirul.
3. Adăugați sosurile în amestecul wok.
4. Gătiți vasul timp de zece minute.
5. Adăugați bucățile de pui în amestec.
6. Amestecați bine puiul și gătiți-l timp de cinci minute.
7. Adăugați orezul într-un castron.
8. Adăugați amestecul fiert deasupra.
9. Adăugați deasupra legumele de salată și crema de cocos.
10. Ornați cu ierburi proaspete.
11. Preparatul dumneavoastră este gata de servit.

78. Tuna Power Bowl

INGREDIENTE:
- 1 lingura de sos hoisin
- 1 lingura de sos sriracha
- 1/2 cană de țelină tocată
- 1 lingurita de vin de orez
- 2 cesti de orez rosu fiert
- 1 lingurita de ghimbir proaspat
- 2 linguri de ierburi proaspete
- 1 lingura de sos de peste
- 1 lingura de sos de soia
- 1/2 linguriță de cinci condimente thailandeze
- 1 cană de legume amestecate
- 2 linguri de crema de cocos
- 1 cană bulion de pește
- 2 căni de bucăți de ton
- 1 lingurita de usturoi tocat
- 2 linguri de ulei vegetal

INSTRUCȚIUNI:
1. Ia un wok.
2. Adăugați în wok sosul hoisin, sosul sriracha, usturoiul tocat, condimentele thailandeze și ghimbirul.
3. Adăugați bulionul de pește și sosurile în amestecul wok.
4. Gătiți vasul timp de zece minute.
5. Adăugați bucățile de ton în amestec.
6. Se amestecă bine tonul și se fierbe timp de cinci minute.
7. Gătiți bine ingredientele și amestecați-le cu restul ingredientelor.
8. Reduceți căldura aragazului.
9. Gătiți vasul pentru încă cincisprezece minute.
10. Adăugați crema de cocos și amestecați bine.
11. Adăugați orezul într-un castron.
12. Adăugați amestecul fiert deasupra.
13. Ornați cu ierburi proaspete.
14. Preparatul dumneavoastră este gata de servit.

79.Bol cu tăiței de mango

INGREDIENTE:
- 1 lingura de sos hoisin
- 1 lingura de sos de soia
- 1/2 cană de țelină tocată
- 1/2 cană de ceapă verde feliată
- 1 lingurita de vin de orez
- 1 lingurita de ghimbir proaspat
- 1 lingura de sos de peste
- 1 lingura de sos de soia
- 1/2 linguriță de mix de condimente thailandez
- 2 linguri de ardei iute roșu tocat
- 1/2 cană de muguri de bambus
- 1/2 cană frunze proaspete de coriandru
- 1/4 cană frunze proaspete de busuioc
- 2 căni de bucăți de mango
- 1/2 cană frunze de busuioc tocate
- 1 lingurita de usturoi tocat
- 2 linguri de ulei vegetal
- Taitei de orez

INSTRUCȚIUNI:
1. Ia un wok.
2. Adăugați în wok uleiul, sosul hoisin, sosul de soia, usturoiul tocat, condimentele thailandeze, ardeiul iute tocat, frunzele de busuioc și ghimbirul.
3. Adăugați sosurile în amestecul wok.
4. Gătiți vasul timp de zece minute.
5. Adăugați bucățile de mango în amestec.
6. Se amestecă bine mango și se fierbe timp de cinci minute.
7. Adăugați în tigaie frunzele de busuioc tocate și apă.
8. Fierbeți tăițeii de orez într-o oală plină cu apă clocotită.
9. Scurgeți tăițeii de orez și adăugați-i în wok.
10. Gătiți vasul încă cincisprezece minute.
11. Împărțiți-l în 4 boluri.
12. Adăugați coriandru în vas.
13. Preparatul dumneavoastră este gata de servit.

80. Bol cu taitei cu arahide si dovlecel

INGREDIENTE:
- 2 lingurițe de vin de orez
- 1 cană de orez fiert
- 2 lingurițe de pastă de curry roșu
- 1/2 linguriță de pudră de turmeric
- Piper negru după gust
- Sarat la gust
- 1 lingura de ghimbir tocat
- 1 lingura de usturoi tocat
- 1/2 cana de ceapa primavara tocata marunt
- 2 linguri de ulei de gatit
- 4 lingurițe de sos de soia închis la culoare
- 2 căni de bucăți de dovlecel
- 1 cană de sos de arahide

INSTRUCȚIUNI:
1. Luați o tigaie mare.
2. Se încălzește uleiul într-o tigaie.
3. Adăugați ghimbirul și usturoiul tocate în tigaie.
4. Adăugați dovlecelul, vinul de orez și prăjiți-l până când își schimbă culoarea.
5. Gătiți bine amestecul timp de aproximativ zece minute până când sunt prăjiți.
6. Adăugați în tigaie sos de arahide, zahăr tos, piper alb, pudră de turmeric, pastă de curry roșu, sos de soia închis, piper negru și sare.
7. Adăugați restul ingredientelor în amestec.
8. Gătiți bine ingredientele timp de aproximativ cincisprezece minute.
9. Adăugați orezul în 2 boluri.
10. Adăugați curry roșu deasupra.
11. Ornați cu ceapă primăvară tocată.
12. Preparatul dumneavoastră este gata de servit.

81.Bol cu creveți picant

INGREDIENTE:
- 1 lingura de sos de peste
- 1 lingura de sos de soia
- 1/2 linguriță de cinci condimente thailandeze
- 1 cană de creveți
- 2 linguri de ardei iute verzi thailandezi
- 1 lingurita de usturoi tocat
- 2 linguri de ulei vegetal
- 1 lingura de sos hoisin
- 1 lingura de sos sriracha
- 1/2 cană de țelină tocată
- 1 lingurita de vin de orez
- 2 căni de orez brun fiert
- 1 lingurita de ghimbir proaspat
- 2 linguri de ierburi proaspete

INSTRUCȚIUNI:
1. Ia un wok.
2. Adăugați în wok sosul hoisin, sosul sriracha, ardei iute verde thailandez, usturoiul tocat, condimentele thailandeze și ghimbirul.
3. Adăugați sosurile și creveții în amestecul pentru wok.
4. Gătiți vasul timp de zece minute.
5. Adăugați orezul brun în amestec.
6. Gătiți vasul pentru încă cincisprezece minute.
7. Adăugați orezul brun fiert într-un castron.
8. Ornează cu ierburi proaspete.
9. Mâncarea dvs. este gata de servit.

82.Bol cu orez cu curry

INGREDIENTE:
- 2 lingurițe de vin de orez
- 1 cană de orez fiert
- 2 lingurițe de pastă de curry roșu
- 1/2 linguriță de pudră de turmeric
- Piper negru după gust
- Sarat la gust
- 1 lingura de ghimbir tocat
- 1 lingura de usturoi tocat
- 1/2 cana de ceapa primavara tocata marunt
- 2 linguri de ulei de măsline
- 4 lingurițe de sos de soia închis la culoare
- 1 cană de lapte de cocos

INSTRUCȚIUNI:
1. Luați o tigaie mare.
2. Se încălzește uleiul într-o tigaie.
3. Adăugați ghimbirul și usturoiul tocate în tigaie.
4. Adăugați vinul de orez și prăjiți-l până când își schimbă culoarea.
5. Gătiți bine amestecul timp de aproximativ zece minute până când sunt prăjiți.
6. Adăugați în tigaie lapte de cocos, zahăr tos, piper alb, pudră de turmeric, pastă de curry roșu, sos de soia închis la culoare, piper negru și sare.
7. Adăugați restul ingredientelor în amestec.
8. Gătiți bine ingredientele timp de aproximativ cincisprezece minute.
9. Adăugați orezul în 2 boluri.
10. Adăugați curry roșu deasupra.
11. Ornați cu ceapă primăvară tocată.
12. Preparatul dumneavoastră este gata de servit.

83.Bol cu orez de porc

INGREDIENTE:
- 1 lingura de sos de peste
- 1 lingura de sos de soia
- 1/2 linguriță de cinci condimente thailandeze
- 1 cană de carne de porc
- 1 lingurita de usturoi tocat
- 2 linguri de ulei vegetal
- 1 lingura de sos hoisin
- 1 lingura de sos sriracha
- 1/2 cană de țelină tocată
- 1 lingurita de vin de orez
- 2 căni de orez brun fiert
- 1 lingurita de ghimbir proaspat
- 2 linguri de ierburi proaspete

INSTRUCȚIUNI:
1. Ia un wok.
2. Adăugați în wok sosul hoisin, sosul sriracha, usturoiul tocat, condimentele thailandeze și ghimbirul.
3. Adăugați sosurile și carnea de porc în amestecul wok.
4. Gătiți vasul timp de zece minute.
5. Adăugați orezul brun în amestec.
6. Gătiți bine ingredientele și amestecați-le cu restul ingredientelor.
7. Gătiți vasul pentru încă cincisprezece minute.
8. Adăugați orezul brun fiert într-un castron.
9. Ornează cu ierburi proaspete.
10. Preparatul dumneavoastră este gata de servit.

84.Bol Buddha cu cartofi dulci

INGREDIENTE:
- 2 cani de cartofi dulci bucati
- 1 lingurita de usturoi tocat
- 2 linguri de ulei vegetal
- 1 lingura de sos hoisin
- 1 lingura de sos sriracha
- 1/2 cană de țelină tocată
- 1 lingurita de vin de orez
- 2 căni de orez fiert
- 1 lingurita de ghimbir proaspat
- 2 linguri de ierburi proaspete
- 1 lingura de sos de peste
- 1 lingura de sos de soia
- 1/2 linguriță de cinci condimente thailandeze

INSTRUCȚIUNI:

1. Ia un wok.
2. Adăugați în wok sosul hoisin, sosul sriracha, usturoiul tocat, condimentele thailandeze și ghimbirul.
3. Adăugați sosurile în amestecul wok.
4. Gătiți vasul timp de zece minute.
5. Adăugați bucățile de cartofi dulci în amestec.
6. Amestecați bine cartoful dulce și gătiți-l timp de cincisprezece minute.
7. Adăugați orezul fiert într-un castron.
8. Adăugați amestecul fiert deasupra.
9. Ornează cu ierburi proaspete.
10. Preparatul dumneavoastră este gata de servit.

85.Bol Satay cu pui

INGREDIENTE:
- 1 lingura de sos hoisin
- 1 lingura de sos sriracha
- 1/2 cană de țelină tocată
- 1 lingurita de vin de orez
- 2 căni de orez fiert
- 1 lingurita de ghimbir proaspat
- 2 linguri de ierburi proaspete
- 1 lingura de sos de peste
- 1 lingura de sos de soia
- 1/2 linguriță de cinci condimente thailandeze
- 1 cană de sos satay
- 2 căni de bucăți de pui
- 1 lingurita de usturoi tocat
- 2 linguri de ulei vegetal

INSTRUCȚIUNI:
1. Ia un wok.
2. Adăugați în wok sosul hoisin, sosul sriracha, usturoiul tocat, condimentele thailandeze și ghimbirul.
3. Adăugați sosul satay și alte sosuri în amestecul wok.
4. Gătiți vasul timp de zece minute.
5. Adăugați bucățile de pui în amestec.
6. Amestecați bine puiul și gătiți-l timp de cincisprezece minute.
7. Adăugați orezul fiert într-un castron.
8. Adăugați amestecul fiert deasupra.
9. Ornează cu ierburi proaspete.
10. Preparatul dumneavoastră este gata de servit.

86.Se prăjește pui și porumb

INGREDIENTE:
- 3 linguri. Sos de scoici
- 1 lingura. unseas1d otet de orez
- 1 lingura ulei de susan prajit
- 4 pulpe de pui fără piele, fără b1 (aproximativ 1 lb.), tăiate în bucăți de 1 inch
- Sare cușer
- 2 linguri. amidon de porumb
- 4 linguri. ulei vegetal, împărțit
- ½ ceapă roșie mică, tăiată felii
- 4 catei de usturoi, taiati felii
- 1" bucată de ghimbir, decojit, tocat mărunt
- ½ linguriță. (sau mai mult) ardei în stil Alep sau alți fulgi de chile blând
- 3 spice de porumb, boabe tăiate din știuleți
- Orez fiert la abur și frunze de coriandru cu tulpini fragede (pentru servire)

INSTRUCȚIUNI:
a) Amestecați sosul de stridii, oțetul, uleiul de susan și 2 linguri. apă într-un vas mic. Pus deoparte.
b) Pune puiul într-un castron mediu. Asezonați cu sare și stropiți cu amidon de porumb; se amestecă ușor pentru a acoperi. Se încălzesc 2 linguri. ulei vegetal într-un wok mare bine-seas1d sau o tigaie antiaderentă la foc mediu-mare. Gatiti puiul, amestecand din cand in cand, pana devine maro auriu si aproape fiert, 6-8 minute. Adăugați ceapa roșie, usturoiul, ghimbirul, ardeiul de Alep și restul de 2 linguri. ulei. Gatiti, amestecand, pana cand legumele se inmoaie, aproximativ 2 minute. Adăugați porumb și gătiți, amestecând des, până când se înmoaie, aproximativ 3 minute.
c) Se amestecă amestecul de sos de stridii rezervat și se gătește, amestecând des, până când se reduce aproape la o glazură, aproximativ 2 minute. Gustați și asezonați cu sare dacă este necesar.
d) Se servesc prajitul cu orez, acoperit cu coriandru.

BOLURI DE SUSHI

87. Bol de sushi California Roll deconstruit

INGREDIENTE:
- 1 cană de orez sushi, fiert
- 1/2 cană imitație de crab sau crab adevărat, mărunțit
- 1/2 avocado, feliat
- 1/4 castraveți, tăiați julien
- Seminte de susan pentru garnitura
- Fâșii de Nori pentru topping
- Sos de soia și ghimbir murat pentru servire

INSTRUCȚIUNI:
1. Răspândiți orezul sushi gătit într-un castron.
2. Aranjați deasupra crab mărunțit, felii de avocado și castraveți tăiați în juliană.
3. Presarati seminte de susan pentru garnitura.
4. Deasupra cu benzi de nori.
5. Se serveste cu sos de soia si ghimbir murat in parte.
6. Bucurați-vă de castronul de sushi California roll deconstruit!

88.Bol de sushi cu ton picant deconstruit

INGREDIENTE:
- 1 cană de orez sushi, fiert
- 1/2 cană ton picant, tocat
- 1/4 cană fasole edamame, fiartă la abur
- 1/4 cană ridichi, feliate subțiri
- Maiaua Sriracha pentru burniță
- Felii de avocado pentru ornat
- Seminte de susan pentru topping

INSTRUCȚIUNI:
1. Răspândiți orezul sushi gătit într-un castron.
2. Pune deasupra tonul picant tocat, fasolea edamame la abur și ridichile feliate.
3. Stropiți maiaua Sriracha peste bol.
4. Se orneaza cu felii de avocado si se presara seminte de susan.
5. Bucurați-vă de castronul de sushi de ton picant deconstruit!

89.Bol pentru sushi Dragon Roll deconstruit

INGREDIENTE:
- 1 cană de orez sushi, fiert
- 1/2 cană de anghilă, la grătar și feliată
- 1/4 cană de avocado, feliat
- 1/4 cană castraveți, tăiați julien
- Sos de anghilă pentru stropire
- Tobiko (icre de pește) pentru topping
- Ghimbir murat pentru servire

INSTRUCȚIUNI:
1. Răspândiți orezul sushi gătit într-un castron.
2. Aranjați deasupra felii de anghilă la grătar, avocado și castraveți tăiați în juliană.
3. Stropiți peste bol cu sos de anghilă.
4. Top cu tobiko.
5. Serviți cu ghimbir murat în parte.
6. Bucurați-vă de bolul de sushi Dragon roll deconstruit!

90.Bol de sushi cu somon picant deconstruit

INGREDIENTE:
- 1 cană de orez sushi, fiert
- 1/2 cană somon picant, tăiat cubulețe
- 1/4 cană mango, tăiat cubulețe
- 1/4 cană castraveți, tăiați cubulețe
- Maiaua picant pentru stropire
- Ceapa verde pentru ornat
- Seminte de susan pentru topping

INSTRUCȚIUNI:
1. Răspândiți orezul sushi gătit într-un castron.
2. Puneți deasupra somonul picant tăiat cubulețe, mango și castraveții tăiați cubulețe.
3. Stropiți maiaua picant peste bol.
4. Se orneaza cu ceapa verde tocata si se presara seminte de susan.
5. Bucurați-vă de castronul de sushi de somon picant deconstruit!

91.Bol de sushi deconstruit cu rulouri de curcubeu

INGREDIENTE:
- 1 cană de orez sushi, fiert
- 1/2 cană crab sau imitație de crab, mărunțit
- 1/4 cană de avocado, feliat
- 1/4 cană castraveți, tăiați julien
- 1/4 cană morcovi, tăiați julien
- 1/4 cană mango, feliat
- Fâșii de Nori pentru topping
- Sos de soia și ghimbir murat pentru servire

INSTRUCȚIUNI:
1. Răspândiți orezul sushi gătit într-un castron.
2. Aranjați deasupra crab mărunțit, felii de avocado, castraveți tăiați juliană, morcovi și mango.
3. Deasupra cu benzi de nori.
4. Se serveste cu sos de soia si ghimbir murat in parte.
5. Bucurați-vă de castronul pentru sushi Rainbow Roll colorat și deconstruit!

92.Bol pentru sushi Tempura de creveți deconstruit

INGREDIENTE:
- 1 cană de orez sushi, fiert
- 1/2 cană tempură de creveți, feliați
- 1/4 cană de avocado, feliat
- 1/4 cană castraveți, tăiați julien
- 1/4 cană ridichi, feliate subțiri
- Sos Tempura pentru stropire
- Seminte de susan pentru garnitura

INSTRUCȚIUNI:
1. Răspândiți orezul sushi gătit într-un castron.
2. Pune deasupra tempura creveților tăiați felii, avocado, castraveți tăiați în juliană și ridichi feliate.
3. Stropiți peste bol cu sos tempura.
4. Presarati seminte de susan pentru garnitura.
5. Bucurați-vă de bolul de sushi tempura de creveți deconstruit!

93.Bol de sushi picant cu ton și ridichi

INGREDIENTE:
- 1 kg de ton de sushi, tăiat cubulețe
- 2 linguri gochujang (pasta coreeana de ardei rosu)
- 1 lingura sos de soia
- 1 lingura ulei de susan
- 1 lingura otet de orez
- 1 cană ridiche daikon, tăiată julien
- 1 cană de mazăre snap, feliată
- 2 căni de orez tradițional pentru sushi, gătit
- Ceapa verde pentru ornat

INSTRUCȚIUNI:
1. Amestecați gochujang, sosul de soia, uleiul de susan și oțetul de orez pentru a face sosul picant.
2. Se amestecă tonul tăiat cubulețe în sosul picant și se dă la frigider pentru 30 de minute.
3. Asamblați boluri cu orez tradițional pentru sushi ca bază.
4. Acoperiți cu ton marinat, ridiche daikon tăiată julienne și mazăre snap feliată.
5. Se orneaza cu ceapa verde tocata si se serveste.

94. Bol pentru sushi cu somon afumat și sparanghel

INGREDIENTE:
- 1 lb somon afumat, fulgi
- 1/4 cană sos de soia
- 2 linguri mirin
- 1 lingura de ghimbir murat, tocat
- 1 buchet sparanghel, albit si feliat
- 1 cană de roșii cherry, tăiate la jumătate
- 2 căni de orez tradițional pentru sushi, gătit
- Roți de lămâie pentru decor

INSTRUCȚIUNI:
1. Amestecați sosul de soia, mirinul și ghimbirul murat tocat pentru marinată.
2. Se aruncă somonul afumat în marinadă și se dă la frigider pentru 15-20 de minute.
3. Creați boluri cu orez Sushi tradițional gătit ca bază.
4. Acoperiți cu somon afumat marinat, sparanghel tăiat felii și roșii cherry.
5. Se ornează cu felii de lămâie și se servește.

95.Bol de sushi Philly Roll deconstruit

INGREDIENTE:
- 1 cană de orez sushi, fiert
- 1/2 cană somon afumat, feliat
- 1/4 cană cremă de brânză, moale
- 1/4 cană castraveți, tăiați julien
- 1/4 cană ceapă roșie, feliată subțire
- Totul condimente pentru covrigi pentru topping
- Capere pentru ornat

INSTRUCȚIUNI:
1. Răspândiți orezul sushi gătit într-un castron.
2. Aranjați deasupra somon afumat feliat, cremă de brânză moale, castraveți tăiați în juliană și ceapă roșie tăiată subțire.
3. Presărați toate condimentele pentru covrigi pentru topping.
4. Se ornează cu capere.
5. Bucurați-vă de castronul de sushi Philly Roll deconstruit!

96.Bol pentru sushi din dinamită deconstruit

INGREDIENTE:
- 1 cană de orez sushi, fiert
- 1/2 cană de creveți, prăjiți cu tempură sau fierți
- 1/4 cană maioneză picantă
- 1/4 cană de avocado, tăiat cubulețe
- 1/4 cană castraveți, tăiați cubulețe
- Tobiko (icre de pește) pentru topping
- Ceapa verde pentru ornat

INSTRUCȚIUNI:
1. Răspândiți orezul sushi gătit într-un castron.
2. Puneți deasupra creveții prăjiți sau fierți cu tempură.
3. Stropiți maiaua picant peste bol.
4. Adăugați cubulețe de avocado și castraveți.
5. Top cu tobiko.
6. Se orneaza cu ceapa verde tocata.
7. Bucurați-vă de castronul de sushi Dynamite Roll deconstruit!

97.Bol de sushi cu rulouri vegetale deconstruit

INGREDIENTE:
- 1 cană de orez sushi, fiert
- 1/2 cană tofu, tăiat cubulețe și prăjit
- 1/4 cană de avocado, feliat
- 1/4 cană castraveți, tăiați julien
- 1/4 cană morcovi, tăiați julien
- 1/4 cană ardei gras roșu, feliat subțire
- Sos de soia și sos cu ulei de susan
- Seminte de susan pentru garnitura

INSTRUCȚIUNI:
a) Răspândiți orezul sushi gătit într-un castron.
b) Pune deasupra tofu la tigaie, felii de avocado, castraveți tăiați juliană, morcovi și ardei gras roșu feliat.
c) Stropiți cu un amestec de sos de soia și ulei de susan pentru dressing.
d) Presarati seminte de susan pentru garnitura.
e) Bucurați-vă de castronul de sushi Veggie Roll deconstruit, o opțiune răcoritoare și pe bază de plante!

98.Macrou afumat Chirashi

INGREDIENTE:
- ½ castravete
- ¼ linguriță sare fină
- 200 g (7 oz) file de macrou afumat, fără b1, fără piele
- 40 g (1½ oz) ghimbir murat, tocat fin
- 1 ceapa primavara (cepa), taiata marunt
- 2 lingurite de marar tocat marunt
- 2 linguri de seminte de susan alb prajite
- 800 g (5 căni) orez sushi seas1d
- 1 foaie de nori, ruptă în bucăți
- sos de soia închis la culoare, de servit

INSTRUCȚIUNI:

a) Tăiați castraveții cât mai subțiri și stropiți cu sare. Frecați ușor castravetele și lăsați timp de 10 minute. Acest lucru va ajuta la eliminarea oricărui exces de apă din castraveți pentru a-l menține crocant.

b) Stoarceți cu mâna orice exces de apă din castraveți.

c) Rupeți macroul afumat în bucăți mici.

d) Adăugați la orez castravetele, macroul afumat, ghimbirul murat, ceapa primăvară (ceapă), mărarul și semințele de susan alb. Se amestecă bine pentru a întinde ingredientele uniform.

e) Serviți în boluri individuale sau într-un bol mare pentru a împărți. Se presară cu nori și se stropește peste sos de soia închis, după gust.

99.Oyakodo (somon și icre de somon)

INGREDIENTE:
- 400 g (2½ căni) orez sushi seas1d

TOppinguri
- 400 g (14 oz) de somon de calitate sashimi
- 200 g (7 oz) icre de somon marinate
- 4 pui de frunze de shiso
- felii de lămâie sau lămâie

A SERVI
- ghimbir murat
- pasta de wasabi
- sos de soia
- fasii de nori (optional)

INSTRUCȚIUNI:
a) Tăiați somonul în felii subțiri. Asigurați-vă că tăiați boabele pentru a vă asigura că peștele este fraged.
b) Puneți orezul sushi în 4 boluri individuale și aplatizați suprafața orezului. Acoperiți cu somon sashimi și icre de somon. Se ornează cu frunzele baby shiso și felii de lămâie sau lămâie.
c) Serviți cu ghimbir murat ca demachiant al palatului și wasabi și sos de soia după gust. Dacă doriți, stropiți cu fâșii de nori pentru mai multă aromă.

100.Bol pentru sushi cu homar picant

INGREDIENTE:
- 1½ cani (300 g) orez Sushi traditional preparat
- 1 lingurita radacina de ghimbir proaspat rasa fin
- 1 8 oz (250 g) coadă de homar la abur, coaja îndepărtată și tăiată în medalioane
- 1 kiwi, decojit și tăiat în felii subțiri
- 2 lingurițe de ceapă verde tocată (ceapă verde), doar părți verzi
- O mână de ridiche daikon tăiată în spirală
- 2 crenguțe proaspete de coriandru (fâșii de coriandru)
- 2 linguri de suc de dragon sau mai mult după gust

INSTRUCȚIUNI:
a) Pregătiți orezul pentru sushi și sucul de dragon.
b) Udați-vă vârful degetelor înainte de a împărți orezul pentru sushi în 2 boluri mici de servire. Aplatizați ușor suprafața orezului din fiecare bol. Folosește o lingură pentru a întinde ½ linguriță de rădăcină de ghimbir proaspăt ras peste orezul din fiecare bol.
c) Împărțiți medalioanele de homar și kiwi în 1/2. Alternați 1 1/2 din feliile de homar cu 1 1/2 din feliile de kiwi peste orez într-un bol, lăsând un spațiu mic descoperit. Repetați modelul în celălalt castron. Puneți 1 linguriță de ceapă verde tocată lângă partea din față a fiecărui bol. Împărțiți ridichea daikon tăiată în spirală între cele 2 boluri, umplând spațiul gol.
d) Pentru a servi, puneți 1 crenguță de coriandru proaspăt în fața ridichei daikon în fiecare bol. Peste homar și fructe de kiwi în fiecare bol, puneți 1 lingură de suc de dragon.

CONCLUZIE

Pe măsură ce ajungeți la ultimele pagini ale „În jurul lumii în 100 de boluri de orez", sperăm că v-ați bucurat de călătoria culinară care v-a dus către destinații îndepărtate și v-a introdus într-o lume a aromelor și tradițiilor. De la străzile picante din Bangkok până la bucătăriile aromate din India, fiecare castron de orez a oferit un gust din tapiseria bogată a bucătăriei globale.

Dar călătoria noastră nu se termină aici. Pe măsură ce vă întoarceți acasă din aventura dvs. culinară, vă încurajăm să continuați să explorați lumea diversă a bolurilor de orez, experimentând noi ingrediente, arome și tehnici. Fie că recreezi mâncărurile tale preferate din carte sau îți inventezi propriile creații culinare, lasă-ți imaginația să îți fie ghid în timp ce pornești în noi aventuri gastronomice.

Vă mulțumim că v-ați alăturat nouă în această călătorie plină de gust în jurul lumii. Fie ca amintirile preparatelor pe care le-ai savurat să rămână pe papilele tale gustative și spiritul explorării culinare să te inspire în continuare în eforturile tale în bucătărie. Până ne revedem, gătit fericit și poftă bună!

www.ingramcontent.com/pod-product-compliance
Lightning Source LLC
Chambersburg PA
CBHW071906110526
44591CB00011B/1564